政务服务增值化：
地方治理现代化的衢州探索

中共衢州市委党校　编著

北 京
中央党校出版集团
国家行政学院出版社

图书在版编目（CIP）数据

政务服务增值化：地方治理现代化的衢州探索／中共衢州市委党校编著． --北京：国家行政学院出版社，2024.12. -- ISBN 978-7-5150-2978-8

Ⅰ. D625.553

中国国家版本馆 CIP 数据核字第 2024F5N686 号

书　　名	政务服务增值化：地方治理现代化的衢州探索	
	ZHENGWU FUWU ZENGZHIHUA：DIFANG ZHILI XIANDAIHUA DE QUZHOU TANSUO	
作　　者	中共衢州市委党校　编著	
统筹策划	王　莹	
责任编辑	马　跃	
责任校对	许海利	
责任印制	吴　霞	
出版发行	国家行政学院出版社	
	（北京市海淀区长春桥路 6 号　100089）	
综 合 办	（010）68928887	
发 行 部	（010）68928866	
经　　销	新华书店	
印　　刷	中煤（北京）印务有限公司	
版　　次	2024 年 12 月北京第 1 版	
印　　次	2024 年 12 月北京第 1 次印刷	
开　　本	170 毫米×240 毫米　16 开	
印　　张	12.75	
字　　数	181 千字	
定　　价	58.00 元	

本书如有印装问题，可联系调换，联系电话：（010）68929022

序　言

党的二十届三中全会通过的《中共中央关于进一步全面深化改革、推进中国式现代化的决定》指出："促进政务服务标准化、规范化、便利化。"这是党中央为进一步转变政府职能，持续优化营商环境，推进国家治理体系和治理能力现代化而作出的重要部署。作为营商环境的重要组成部分，政务服务发展水平是一个地区营商环境的重要体现，关乎政府职能转变与行政效能提升，影响区域经济高质量发展，是推进国家治理体系和治理能力现代化的重要支撑。

2023年4月，浙江召开全省营商环境优化提升"一号改革工程"大会，提出"全面推动营商环境再优化再提升，紧扣市场化、法治化、国际化，加快从便捷服务到增值服务的全面升级，坚持缩减环节不停步、政策创新不松劲、解题解难不懈怠，增强政府服务力"。同年7月，浙江省印发《关于开展政务服务增值化改革试点的指导意见》，在杭州、衢州等7个地方按照试点任务创新开展政务服务增值化改革。作为浙江省乃至全国政务服务改革的前沿阵地，衢州市坚决贯彻落实省委、省政府的决策部署，紧扣全省顶层设计，以敢于担当的改革创新精神，承办浙江省政务服务增值化改革现场推进会，并获2023年度浙江省改革突破奖金奖。通过实施政务服务增值化改革，聚焦破解企业生产经营、发展壮大过程中的堵点、难点问题，提供更广范围、更深层次的政策、人才、金融、法律、科技等全生命周期的衍生服务，实现降低成本、增加收益、强化功能、赋能发展，从而构建形成全链条、全天候、全过程的政务服务新生

1

态，实现政务服务从"便捷服务"到"增值服务"的转变，不仅极大地便利了企业办事，也有效激发了市场活力和社会创造力，为衢州经济社会发展注入了强劲动力。

为集中展现政务服务增值化改革在衢州的生动实践，系统总结衢州的改革经验，并力求在理论上探求这一改革实践的发展方向，中共衢州市委党校组织力量编写了《政务服务增值化：地方治理现代化的衢州探索》。本书共七章，系统而深入地探讨了政务服务增值化改革的理论与实践。第一章从缘起与背景出发，阐述了政务服务增值化改革的历史背景、政策背景和理论背景，并对以衢州政务服务增值化改革为研究样本的可行性和典型性进行了阐述；第二章对国内外"政务服务改革"方面的研究作了较为系统的文献梳理，并在此基础上构建"价值需求－制度创新－数字赋能"分析框架，通过文献综述与分析框架的构建，为后续研究奠定了坚实的理论基础；第三章深入探讨衢州政务服务增值化改革的主要内容，揭示其背后的基本原则、整体架构、主要举措及推进路径，从"服务层、管理层、支撑层"三个方面对政务服务增值化改革的整体架构展开分析，与第二章分析框架进行了有效衔接；第四章通过对"企呼我应"工作机制、企业综合服务中心、赋能块状经济迭代升级、"智融通道"、"一站式"法治服务等典型案例的剖析，生动展示了衢州改革的具体做法、成效及启示；第五章立足本书的分析框架，构建了价值需求、制度创新效果、数字赋能等三项评价指标，并运用定量分析和定性分析相结合的方法，从上述三项指标对政务服务增值化改革的整体成效进行评估；第六章从需求、制度、技术三个维度提炼总结了衢州改革的宝贵经验，为其他地区提供了可借鉴、可复制的模式，同时对经验背后的底层逻辑进行了阐述；第七章将政务服务增值化改革置于地方治理现代化的大背景中，通过分析改革过程中面临的一些困难，探讨了今后政务服务增值化改革的着力方向，以及对推动地方治理体系和治理能力现代化的深远意义。通过这一视角的审视，可以更加清晰地认识政务服务增值化改革在新时代地方治理中的重要地位与作用。

围绕上述研究内容，本书课题组对衢州政务服务增值化改革进行了系统深入的调研。课题组多次赴衢州市营商环境建设办公室等单位，就相关研究问题展开实地调研和个别访谈。为考察改革的实施成效，2024 年 8 月，课题组分别开展了两轮政务服务增值化改革专项评估，从公众感知的视角对改革成效进行客观真实的衡量。评估以问题、成效为导向，采取网络问卷调查、电话调查、现场考察等方法，并建立了企业满意度评估模型，收集了衢州市区及下辖县（市、区）企业综合服务中心工作人员的反馈意见，为评估提供了多角度的数据参考。此外，还对接了"企呼我应"动态实时监测平台，收集该平台 2023—2024 年改革开展以来服务企业的相关数据，旨在为进一步完善相关政策措施、制度设计及改革工作提供参考依据。

本书不仅全面梳理了衢州政务服务增值化改革的实践历程和成功经验，更从理论层面进行了深入剖析和提炼，为政务服务增值化改革提供了系统的理论支撑和实践指导。同时，本书还将政务服务增值化改革与地方治理现代化紧密联系起来，为新时代地方治理创新提供了新思路、新路径。希望本书的出版对推动我国政务服务改革和地方治理现代化进程产生积极影响。

本书编委会

2024 年 11 月

目 录
CONTENTS

第一章

政务服务增值化改革的缘起与背景

第一节　政务服务增值化改革的历史背景

政务服务供给的效率、水平，既关乎政府的治理效能，也关乎企业、群众的满意度和获得感。建设人民满意的服务型政府，既是我国行政体制改革始终坚持的核心目标，也是全面推进国家治理体系和治理能力现代化的内在要求。作为一个高效、便捷、智能的政务服务新生态，政务服务增值化改革代表了一种新动向、新趋势和新模式，或一种新的政府形态。政务服务增值化改革的缘起是什么？它处在政务服务改革的哪个历史方位？它遵循的逻辑与导向又是什么？

一、从便捷服务到增值服务的历史演进

（一）政务模式由"以政府为中心"到"一站式"集成的演进

1988 年，广州市成立了外商投资管理服务中心，将工商、规划、环保等部门的行政审批事项集中到同一地点办理，这是我国政务服务中心最早的雏形。[①] 1999 年，浙江省上虞市成立了旨在为企业或群众办事提供方便、改善企业投资发展环境的便民服务中心，是全国首个规范意义上的行政服务中心。[②]

---

① 赵映、张鹏：《政务服务改革的价值取向：演进、型塑及实现路径》，《上海行政学院学报》2023 年第 4 期。

② 赵映、张鹏：《政务服务改革的价值取向：演进、型塑及实现路径》，《上海行政学院学报》2023 年第 4 期。

2001 年，我国开始全面推进行政审批制度改革，按照应减必减、该放就放的原则，分批次取消、下放和调整行政审批项目，积极推进行政审批规范化建设。[①] 受此影响，政务服务中心如雨后春笋般在全国各地竞相出现。这个阶段，行政审批还处于"各人自扫门前雪"的状态，群众办事还需要多个部门来回跑。2004 年，我国颁布、实施《行政许可法》，划定了政府实施许可行为的"边界"，也为行政审批改革提供了基本的价值导向，并且肯定了一些地方成立政务服务中心提供"一站式"服务的做法，标志着行政审批服务模式取得突破性的进展。[②] 2011 年下发的《关于深化政务公开加强政务服务的意见》，则进一步明确了政务服务中心的运行、职能、作用等。[③]

（二）政务模式由"一窗式"受理到"淘宝"式服务的演进

党的十八大之后，我国将简政放权、深化行政审批制度改革作为推动新一轮行政体制改革的突破口。[④] 各地先行先试，探索出一批具有地方特色的行政审批模式。在此背景下，"一窗式"综合受理模式破茧而出。所谓的"一窗式"综合受理，就是集成审批事项，实行前台综合受理，后台分类审批，前台统一出件的模式。[⑤] 2016 年，政府提出"互联网＋政务服务"模式，旨在让"数据多跑路，公众少跑腿"。此后，线上线下一体化的政务服务体系逐渐形成。很多事项群众可以不去政务大厅，在手机上就能办成事。"淘宝"式的便捷化政务服务基本形成。

（三）政务模式由"便捷服务"到"增值服务"的演进

在"放管服"改革不断向纵深推进之际，针对政务服务所"供"与市

---

① 葛燕：《行政审批改革需引向深入》，《浙江经济》2013 年第 1 期。
② 刘允强：《当前行政审批改革服务模式及其选择》，《广州公共管理评论》2018 年第 1 期。
③ 刘允强：《当前行政审批改革服务模式及其选择》，《广州公共管理评论》2018 年第 1 期。
④ 刘允强：《当前行政审批改革服务模式及其选择》，《广州公共管理评论》2018 年第 1 期。
⑤ 刘允强：《当前行政审批改革服务模式及其选择》，《广州公共管理评论》2018 年第 1 期。

场主体所"需"存在的错位脱节问题，浙江、广东、上海等省市从"做减法"提供便捷服务，转为"做乘法"提供衍生服务，试图通过提升政务服务的价值与效能来提高企业发展的产值与效率。[①] 这种"用户需求导向"型政务模式具有主动式、精准化、体系化等特征。

2023 年，民营经济大省浙江提出以"推动便捷服务向增值服务升级"为抓手，实施营商环境优化提升"一号改革工程"。改革在杭州、衢州等 7 个地市先行试点，形成经验后在全省复制推广。此项改革贯彻"企业有所呼，政府有所应"的服务理念，加强顶层设计。在线下建立企业综合服务中心，实现企业需求"一个口子"受理。在线上推广"浙里办"企业综合服务专区，整合企业高频需求。推广应用"企业码"，推动数据高效交互、智能运用，实现企业办事"一码通行、一码通展、一码通办、一码通达"。编制涵盖多个领域的增值服务清单，形成标准规范的增值服务指南。[②] 在基本政务服务"一件事"基础上，叠加关联度高的中介、金融、人才、科技、法律等增值服务事项。编制"一类事"省级指导目录，鼓励地方打造特色"一类事"场景。以此来推动政务服务从标准化、规范化、便利化向增值化跃迁。[③]

二、政务服务迭代演进的内在逻辑、价值导向与理念嬗变

（一）政务服务迭代演进的内在逻辑

政务服务供给效率、水平、质量关乎政府治理效能，是企业和群众获得感的重要来源。通过多种方式实现供需适配，成为政务服务改革的重要目标。回顾政务服务演进的历史，每一次迭代升级，都是围绕这一核心逻

---

① 刘祺：《从便捷服务到增值服务：政务服务体系重塑与治理变革》，《中共天津市委党校学报》2024 年第 3 期。

② 刘祺：《从便捷服务到增值服务：政务服务体系重塑与治理变革》，《中共天津市委党校学报》2024 年第 3 期。

③ 刘祺：《从便捷服务到增值服务：政务服务体系重塑与治理变革》，《中共天津市委党校学报》2024 年第 3 期。

辑而展开的。政府借鉴现代集成管理思路，聚焦"高效"与"办成"这一政务服务的底层逻辑，对组织、技术、信息等资源进行一体化的整合，激发并挖掘政务服务的潜在效力。在政务服务改革的早期，政府更为注重其内部管理、行政程序及行政原则，以追求行政效率为首要目标，是典型的政府中心主义逻辑。[①] 20 世纪七八十年代，新公共管理运动席卷全球。新公共管理主义主张以"顾客"需求为导向，采用商业管理的理论、方法及技术，引入市场竞争机制，提高公共管理水平及公共服务质量，强调社会公众至上，将效率、服务、责任和社会公众的满意度作为公共行政绩效的评价指标，促使政府以较低的成本来提供最有效的服务。以回应和满足"顾客"需求为优先项，成为当时公共部门改革的主要方向。受此影响，我国的政务服务逐渐向主动服务外来投资商，协调资源为其提供便捷转变，并逐渐扩展为服务普通的企业、群众。在此过程中，政务服务的内涵和外延均发生了巨大的变化，其治理逻辑也从"以政府为中心"转变为"以服务对象为中心"。

总而言之，地方政务服务供给模式的迭代，既体现了政府"积极求变"和"敏捷应变"的治理逻辑，也是供给侧要素和需求侧要素共振的产物。其中，供给侧要素包括区域竞争引发的创新冲动、技术工具的应用、财政能力支撑等禀赋，需求侧要素则包括市场主体的诉求表达、国内国际经济环境的变化等。

（二）政务服务迭代演进的价值导向

新公共服务虽然关注服务质量的提高，强调产出价值，但其目标导向仍然是实现公共服务使命与价值，故在服务过程中以使用者的声音为反馈回路。尽管新公共管理主义脱胎于商业管理，但两者之间有着本质的区别。首先，与商业产品相比，政务服务没有竞争性与排他性，公共价值是

[①] 赵映、张鹏：《政务服务改革的价值取向：演进、型塑及实现路径》，《上海行政学院学报》2023 年第 4 期。

政务服务供给的基本取向。政务服务没有消费"门槛"，只要有需求，任何企业、个人都可以平等享受或申办政务服务。其次，政务服务不以营利为目标，而是以企业或个人的满意度、获得感为主要评价指标。最后，政务服务追求线上线下无差别的整体性供给、同标准服务。

政务服务要实现以公民为中心的价值取向，必须与政府科层制组织结构深度融合，从而大幅降低制度性交易成本。因此，政务服务改革应以政府转换职能、简政放权为切入点。首先，要准确界定政府角色及其职能边界，明晰法定职能与权责清单，以此作为编制政务服务事项清单、申办流程指南的前提。[①] 其次，要准确采集公民申办服务事项过程中遇到的问题、未来的期望及现实需求，以商家服务的姿态予以回应，并设法在技术层面给予相应的优化。最后，政务服务流程和标准制定、平台终端界面设计、服务绩效测评等，必须以公民需求为导向。"用户体验"始终是政务服务的核心价值取向。

（三）政务服务增值化改革的理念嬗变

优质的营商环境是推动国家治理体系和治理能力现代化的必然要求，也是地方经济实现高质量发展的动力保障。政务服务水平是一个地区营商环境的重要体现。发展新质生产力，对政务服务品质提出了更高要求。面对企业个性化、多样化的需求，传统循规蹈矩式的普惠性政务服务可谓捉襟见肘，并且其技术层面优化的边际效应也已呈逐渐递减之势。在此背景下，为企业赋能添力的衍生服务应运而生。增值服务实质上是通过延伸服务链条、扩展服务半径，在政务服务的陌生领域进行的全新尝试。某种意义上说，政务服务增值化改革是政府在服务理念上的一次颠覆。在此之前，政务服务的核心目标是便利化，关键词是"减法"，以减材料、减环节、减事项等提升服务效能；政务服务增值化则是做"加法"。基本服务依然追求简单便捷，衍生服务则因需而异。当前，企业一方面希望市场更

---

① 赵映、张鹏：《政务服务改革的价值取向：演进、型塑及实现路径》，《上海行政学院学报》2023 年第 4 期。

有效，资源要素获取的成本更加低廉、速度更加快捷；另一方面希望政府更加有为，能够帮助企业解决发展过程中遇到的非市场方面的问题。简而言之，就是"无事不扰，有事必应"。在此情况下，企业综合服务中心应运而生。企业只需对接一位服务专员，即可实现所有需求的受理、流转、督办、反馈。综合服务中心还专门建立为企业服务的"一类事"场景，使企业得以一次性办理同类事项。这种省心省力的高效"极简服务"，无疑会受到相关企业的欢迎。

除了服务"由减到加"的理念转变，政务增值服务还须转换政府自身的角色定位。各级政府不仅要有效连接政府、市场和资源，更要重新定义政务服务的底线和边界。政府要统一协调对内管理与对外服务的双重角色，善于运用法律、经济和适当的行政手段，提升土地、劳动力、数据等生产要素领域的市场化水平，从而激发市场的活力。同时，也要以规范的监管克服市场的盲目性，以有为政府促有效市场，进一步改善市场主体的预期，提振发展信心。

第二节　政务服务增值化改革的政策背景

历史视角是政策研究的重要切入点。为了把握政策变化的规律性，需要对政策变迁的方向趋势、驱动因素等作深入分析。放权、服务和监管，是我国政务服务制度改革的基本方向。作为制度供给的主体，政府始终是政策变迁的主要变量，也是最核心的驱动因素。而外部环境施加的压力，形成了政策变迁的强大势能。因此，政策变迁是内因和外因共振的结果，尤其离不开我国特定的政治经济环境。

一、我国政务服务改革的政策回顾

（一）政务服务的前身——行政审批

政务服务的前身是颇具中国本土特色的"行政审批"。这与西方"政府管制"有一定的相似性。历史上，凯恩斯主义以市场失灵为前提假设，反对自由放任，主张扩大政府机能，由国家对社会经济活动进行干预和控制。受此影响，二战后，诸如贸易保护、许可证制度、价格管制等经济政策相继被一些政府采纳，此类政策可视为"行政审批"。

行政审批是行政审核和行政批准的合称。行政审核又称行政认可，其实质是行政机关对行政相对人行为合法性、真实性进行审查、认可，实践中经常表现为盖公章；行政批准又称行政许可，其实质是行政主体同意特定相对人取得某种法律资格或实施某种行为，实践中表现为许可证的发放。2001 年 12 月，国务院首次明确行政审批的主体是具有审批权的相关行政机关，客体是自然人、法人或相关行政相对人，审批程序是指主体对客体的审批申请进行审查，承认或否认其资质的行为过程。总之，行政审批是根据法律规定的条件，由实际执法部门来审核是否符合条件的行为。其实质上是一种调控政社、政企关系的行政行为。

我国学者张康之、张定安等认为，行政审批是政府部门为了缓解市场失灵、社会失序等问题而采取的前置性行政管理手段。[1] 这一手段在防范风险、规范秩序、配置资源、提高市场从业水平等方面具有显著的积极作用。

（二）过去十年我国政务服务改革政策梳理

过去十年，我国出台了一系列的政务服务改革政策，具体文件见表 1-1。

表 1-1　2011—2024 年我国政务服务改革部分重要政策文件

时间	政策文件	工作目标/任务
2011	《全国政务公开领导小组关于开展依托电子政务平台加强县级政府政务公开和政务服务试点工作意见的通知》	建立和完善统一的电子政务平台
2015	《关于第一批清理规范 89 项国务院部门行政审批中介服务事项的决定》	规范中介服务行为

---

[1]　郑方辉、吴蕊:《治理绩效视域下我国行政审批政策变迁的特征、逻辑与未来趋势》,《公共治理研究》2022 年第 5 期。

续　表

时间	政策文件	工作目标/任务
2016	《关于转发国家发展改革委等部门推进"互联网＋政务服务"开展信息惠民试点实施方案的通知》	在试点地区实现"一号一窗一网"目标
2017	《关于印发"互联网＋政务服务"技术体系建设指南的通知》	建成覆盖全国的"互联网＋政务服务"技术和服务体系
2017	《关于印发全国深化简政放权放管结合优化服务改革电视电话会议重点任务分工方案的通知》	在全国范围内实现"多证合一、一照一码"
2018	《关于印发基本公共服务领域中央与地方共同财政事权和支出责任划分改革方案的通知》	逐步建立起权责清晰、保障有力的基本公共服务制度体系
2018	《关于印发进一步深化"互联网＋政务服务"推进政务服务"一网、一门、一次"改革实施方案的通知》	加快推进政务服务"一网通办"和企业群众办事"只进一扇门""最多跑一次"
2018	《关于加快推进全国一体化在线政务服务平台建设的指导意见》	加快建设全国一体化在线政务服务平台
2019	《关于在线政务服务的若干规定》	推进政务服务线上线下深度融合
2019	《关于建立政务服务"好差评"制度提高政务服务水平的意见》	建成全国一体化在线政务服务平台"好差评"管理体系
2020	《关于加快推进政务服务"跨省通办"的指导意见》	推进高频政务服务事项"跨省通办"
2021	《关于进一步优化地方政务服务便民热线的指导意见》	将各地区归并后的热线统一为"12345政务服务便民热线"
2021	《关于印发全国一体化政务服务平台移动端建设指南的通知》	推动实现高频政务服务事项"掌上可办""跨省通办"
2022	《关于加快推进政务服务标准化规范化便利化的指导意见》	推动政务服务中心综合窗口全覆盖，全国一体化政务服务平台全面建成
2022	《关于加快推进"一件事一次办"打造政务服务升级版的指导意见》	推动实现"一件事一次办"
2022	《关于扩大政务服务"跨省通办"范围进一步提升服务效能的意见》	深化政务服务"跨省通办"改革
2023	《关于依托全国一体化政务服务平台建立政务服务效能提升常态化工作机制的意见》	建立健全办事堵点发现解决机制、服务体验优化机制
2024	《关于进一步优化政务服务提升行政效能　推动"高效办成一件事"的指导意见》	推动实现高频、面广、问题多的"一件事"高效办理

在上述政策文件中，关注某一具体领域或事项的"通知"类文本共计7 份，而具有较强指导性与建议性的"意见"类文本共计 9 份。此外，"决定"（规定）类文本共有 2 份。从时间序列来看，前期政策以"通知"类文本居多，后期则基本以"意见"类文本为主，反映了政务服务改革的政策文本呈现指导部署性越来越强，而强制执行性越来越弱的特征。

如果要描述概括上述文件的特点，大致可以用以下词语：主动服务、技术赋能、治理思维及创新措施制度化。上述文件将精细化、智慧化、柔性化、人性化的政务服务理念融合到具体的政策措施中。

而政策目标主要是为就业创业降门槛，为各类市场主体减负担，为激发有效投资拓空间，为公平营商创条件，为群众办事、生活增便利。而破除障碍、精简权力、变革系统这三个关键词，则贯穿始终。

二、政策变迁视角下的我国政务服务改革政策分析

一般认为，我国政务服务改革的分水岭是党的十八大。这一节点前后的改革目标、过程和成效具有本质区别。2012 年之后，我国提出了建设服务型政府的总体目标，这是顺应世界公共行政发展的潮流之举。其中的一个具体目标，就是要着力建设一个无缝隙的政府，即公民在任何时间和地点都可以得到政府的服务，以解决行政审批程序烦琐、效率低下、推诿扯皮的问题。自此，行政审批被赋予"服务"内涵，行政行为也由政府导向转为公众需求导向。

安德森认为，政策变迁实质上是一个旧的政策被新的政策取代或更新的过程，可区分为政策创新、延续、保持和终止四种通用模式。林德布洛姆则提出了渐进主义变迁模型，他指出任何一项政策的出台都不是一蹴而就的，需根据社会需求进行优化、完善、更新。[①] 相对而言，拉坦的诱致性制度变迁理论，可以较好地解析我国政务服务制度的变迁。拉坦认为，

① 郑方辉、吴蕊：《治理绩效视域下我国行政审批政策变迁的特征、逻辑与未来趋势》，《公共治理研究》2022 年第 5 期。

制度变迁的需求主要在于追求潜在收益，供给动力主要在于降低现行成本，但二者最终目的都是"潜在的外部利润"。因此，拉坦的诱致性制度变迁既强调了内生变量的自发作用，又不否认类似于强制变迁的外部力量的推动作用。两种力量的共振，保证了改革沿着个人理性与社会理性相一致的道路加速前进。① 在政务服务改革的进程中，地方政府甚至民间力量的原始推动力，以及中央政府借助强大的垄断性政府资源的后续拉动力，都是不可或缺的重要力量。②

因为外部环境或因素的变化，制度从原来的均衡状态，逐渐处于不均衡状态，由于外部利润的存在，从而诱发了制度变迁。就政务服务改革而言，地方的初期探索更多地带有渐进式诱致性制度变迁的色彩。当这种探索逐渐成熟并得到更高层级的认可后，最高层级的政府部门（国务院）往往以"通知"等形式在全国范围内下发，要求下级政府、部门遵照执行，进而形成国家层面的政策并固定下来。我国的许多政务服务改革成果，都是地方自主创新扩散和中央强制性主导相结合的产物。

在方向维度上，学者认为政务服务制度改革的方向是放权、服务和监管。改革要体现结果导向和满意度导向。对于政务改革绩效评估来说，外部评估是最关键的。政府业绩的最终评价者只能是出资人和服务的最终消费者。③ 他们的满意度，是判断改革成效的关键指标。一些公共政策的理论模型能够帮助分析者更好理解政策现象，准确把握有关变量之间的因果关系，确定政策分析的前提和变量，成为政策工具设计和选择的重要依据。霍尔用范式理论评价政策变迁，他认为政策范式是由识别问题、制定目标、选择工具、达成目标四个基本要素构成的，这对政策变迁的分析有一定的借鉴意义。④

---

① 俞雅乖：《制度变迁方式转换的时机选择》，《商业研究》2009 年第 7 期。
② 俞雅乖：《制度变迁方式转换的时机选择》，《商业研究》2009 年第 7 期。
③ 邓淑莲：《建设良好绩效政府的途径——〈政府绩效评估之路〉评述》，《公共行政评论》2008 年第 4 期。
④ 郑方辉、吴蕊：《治理绩效视域下我国行政审批政策变迁的特征、逻辑与未来趋势》，《公共治理研究》2022 年第 5 期。

三、我国政务服务政策迭代的内外动因与运行轨迹

(一) 我国政务服务政策迭代的动因

动因即驱动因素,是诱发主体行为或者引导主体行为向着某一目标趋近的影响因素。我国政务服务政策迭代的过程,本质上是地方营商环境不断优化的过程。作为制度供给的主体,政府无疑是政策变迁的主要变量。随着经济社会的不断发展,地方政府的治理理念和职能定位也随之不断调整。治理理念的转变是地方政府政策变迁的先导,决定了政策变迁的目标取向和整体效果。理念变革还带来了治理主客体变化,企业由治理客体和对象转变为治理主体和参与者,单一的政府治理主体演变为政府、市场和社会的多元治理主体。政府有效履行职能是提高政府治理效率的关键,也是政策变迁内部动因中最核心的构成要素。一方面政府需要为企业提供更加便利的投资环境和生产环境;另一方面需要界定政府与市场的关系,划定政府职责边界,对市场和社会进行放权。

而政务服务政策迭代的外部动因主要包括:压力型体制下上级政府的纵向势能传导及同级政府间的横向竞争。近年来,国家高度重视政务服务领域改革,引导、鼓励地方政府探索从系统平台建设转向服务效能全面提升的实践,通过不断健全完善常态化的管理运行机制,实现政务服务从"能办"向"好办"转变。此外,经济高质量发展的要求也是一个强大的外部驱动力。当前,在"去地产化"时代和逆全球化的叠加影响下,浙江经济乃至全国经济增长放缓,衢州也不例外。围绕国内大循环建立国内国际双循环的新发展格局过程中,持续优化营商环境是畅通"双循环"不可或缺的"加速器"。作为改革开放的先行地,浙江理应在打造一流营商环境上率先蹚出一条新路来,促进开放能级提升、投资贸易便利化,增强在全球范围内集聚和配置各类资源要素的能力,为推动经济复苏、推进中国式现代化提供重要支撑。

（二）我国政务服务政策迭代的运行轨迹

如果从宏观角度审视，作为"国家治理体系和治理能力现代化"的一个主要组成部分，政务服务改革政策的变迁，遵循了"将制度优势转化为治理效能"这一基本逻辑，体现了政府的治理绩效。政策变迁的路径则始终遵循中央顶层规划、战略指引和统一部署，地方因地制宜、积极探索、形成经验，呈现"自上而下，上下结合"的运行轨迹。[①]

拉坦的政策变迁理论认为，诱致性制度变迁存在某种天然的缺陷。当制度变迁主体自己的收益基本满足后，可能会缺乏变迁的动力，导致政策的红利持续衰减。[②] 此外，路径依赖的形成可能会降低效率致使变迁进展缓慢，无法触动核心制度。随着改革步入深水区，由于创新探索和经验复制推广的影响，各地的政策变迁容易出现同质化倾向，改革的边际效应呈现递减的趋势。

当前，我们在高质量发展、高水平开放及高效能治理中还面临许多深层次的改革问题。主要表现为思想理念固化、创新思维缺失；现有的制度供给一定程度上制约了服务效能；部分条件的缺失导致一些场景下市场的失灵；有为政府与有效市场的良性互动机制尚未建立。政府要在法治化的框架下，用好各种能力，调动社会资源，解决市场和社会自身难以达成的事项，更好满足企业多元化需求，为企业更大范围扩大市场、配置资源创新制度供给。

第三节　政务服务增值化改革的理论背景

政务服务改革理论是公共治理体系中的一部分，涉及的是公共服务领

---

① 郑方辉、吴蕊：《治理绩效视域下我国行政审批政策变迁的特征、逻辑与未来趋势》，《公共治理研究》2022 年第 5 期。

② 俞雅乖：《制度变迁方式转换的时机选择》，《商业研究》2009 年第 7 期。

域相关问题的治理。新公共行政学的勃发为政务服务改革理论提供了方向性指引，之后出现的几个典型性理论如整体性治理、数字治理及跨界治理等，从某种意义上说，都是新公共行政学的修正、补充、拓展、完善。

一、政务服务改革的理论基础

1968 年新公共行政学应运而生，它以社会公平和社会公正为公共行政的核心价值，倡导民主主义的行政模式及灵活多样的行政体制研究，强调公民参与、政策制定、分权授权、组织发展、顾客至上等。新公共行政学认为，组织结构与功能状况关系到公共服务的质量，而传统的官僚制组织体制已经造就了一种超稳定的能力，使政府失去了必要的敏感性和同情心，正在远离社会公众，因而需要寻求一种以顾客为导向、应变灵活和回应性强的组织形态。新公共行政学派还提出了改革的两大核心目标：一是将公众的需求作为组织存在与发展的核心，构建顾客导向的组织形态；二是通过增加组织的弹性，形成应变灵活的组织结构，以应对各种外部挑战。

整体性治理理论则是对新公共管理的一种修正，新公共管理试图通过竞争机制提供高质量、多样化的服务，并再造形成了一种扁平化、分散化的非传统组织结构形式，但它忽视了部门之间的协调与合作，部门之间缺乏合作决策机制，从而容易陷入碎片化治理的困境。所谓整体性治理，就是以公民需求为导向，以信息技术为治理工具，以协调、整合、责任为治理机制，对碎片化问题进行有机协调与整合，不断从离散步入中心、从局部走向整体、从分裂回归融合，为公民提供系统性、无缝隙的整体型服务的政府治理图式。① 整体性治理借助信息技术的优势，构建了一个跨组织联动的治理结构，既克服了政府组织内部各自为政的弊病，又调整了社会和市场的横向关系，从而形成一种政府与市场和社会通力合作、运转协调

① 竺乾威：《从新公共管理到整体性治理》，《中国行政管理》2008 年第 10 期。

的治理网络。

数字治理理论是治理理论与数字技术相结合而产生的一种公共管理理论范式，最早由英国的帕却克·邓利维提出。它强调"信息技术和信息系统在公共部门改革中的重要作用"。其关键要素包括重新整合、以需求为基础的整体主义、数字化变革三个方面。由于数字技术和数字系统不断嵌入治理主体和治理过程，治理工具不断迭代，核心流程不断优化，故而治理效率得以不断提升。[①] 在政务服务变革进程中，"一站式"服务、自动化流程、数据库、以顾客和功能为导向的界面设计等，重新定义了政府机构与市场主体之间的关系，也很好地体现了数字治理理论。

面对纷繁复杂的公共事务治理与多样化的市场主体需求，政府须突破传统科层制边界寻求创新，增值服务即跨越政府与市场、社会的界域，跨越地区间、层级间、部门间界限，依托一体化、集成化的企业综合服务机构，资源整合强协同，闭环处置抓实效，优化服务促提升，这也契合了跨界治理理论的要义。[②] "界"最直观的理解是"空间上的边界"，还可以引申为组织或部门的权责边界等。组织内外部之间因资源、职责、权力、目标的重构重组也会形成"跨界"。跨界治理是指政府、市场、社会等不同治理主体为实现共同目标和增进公共利益，跨越区域、层级、部门等界别限制，形成一套整体协同的体制机制、行动策略与制度安排。[③]

数字治理与跨界治理在治理工具和治理结构上具有一致性。由于数字技术、信息集成系统与政府治理不断融合，"互联网＋政务服务"的解决方案和应用场景日渐增多。在跨界治理行动中，通过数字技术的加持，可以有效降低各个区域、层级、部门等主体间沟通协调的制度性交易成本。

---

① 杨思羽：《数字治理背景下地方政府政务服务优化研究》，硕士学位论文，苏州大学，2023 年。

② 刘祺：《从便捷服务到增值服务：政务服务体系重塑与治理变革》，《中共天津市委党校学报》2024 年第 3 期。

③ 原琳琳：《跨界协同治理运行机制的历史变迁、基本逻辑和效能提升》，《决策科学》2024年第 1 期。

可以说，数字治理是实现有效跨界治理必不可少的工具。此外，从治理结构来看，跨界治理是一种跨越纵向权力线与横向职能线的多主体协作的网络化组织形态，它颠覆了原先科层制下的金字塔式权力结构，促成了联动协作的扁平化权力结构。数据分布结构的交互性和信息传输方式的开放性，为政府这种跨越多个边界的政务流程再造和机构职能整合，提供了可能。跨界治理的逻辑起点并非"治理问题"，而是强调治理工具在方式和手段上的跨界和创新，从而推动治理模式的创新。[①] 为实现治理导向的科学、高效、精准，政府有必要运用大数据、云计算、人工智能、区块链等智慧技术。

因此，面对多样化的市场主体需求，政府须突破传统的部门化、科层式治理结构，转变按部就班的服务监管流程。在政务服务领域，无论是以服务对象为中心的"高效办成一件事"，还是管理部门视角的"高效处置一件事"，都属于"一站式""集成式"的跨界治理范畴，意在消除多头治理的"碎片化"困境。相比较于上述的"一件事"，增值服务跨越的边界显然更为宽泛，治理的目标也由以"效率"为核心的便捷化上升为以"赋能"为核心的增值化。由于边界的多重复杂性、界面的多维层次性和情景的多样动态性，跨界治理的难度之大可想而知。

二、政府与市场关系：政务服务增值化改革的理论困惑

从思想史的角度来看，现代经济学鼻祖亚当·斯密提出了著名的"看不见的手"理论。亚当·斯密认为市场机制是调动人的积极性、激发人们创造财富的强大机制：人人都追求自身的利益，结果却促进全社会财富的增加。自亚当·斯密开始，西方经济学界就存在"大政府""小政府"的争论，呈现政府与市场二元对立的倾向。"大政府"通常是指奉行干预主义政策的政府，一般意味着政府对经济的管理与社会的控制。"小政府"

---

① 刘祺：《从便捷服务到增值服务：政务服务体系重塑与治理变革》，《中共天津市委党校学报》2024 年第 3 期。

则是将政府的角色最小化，简政放权，减少对经济活动的干预，让市场来主导资源的配置。

由于在资源配置方式上的巨大差异，政府与市场存在明显的博弈关系。政府一般通过制定法律法规、经济政策和市场规则等方式对市场主体的行为进行引导和规范，从而配置社会资源；而市场一般通过价格机制、供求机制、竞争机制和风险机制等方式配置资源。市场能够解决效率问题，但垄断、信息不对称、外部性、公共物品等因素，会导致市场失灵。"看不见的手"一旦失灵，就需要"看得见的手"来纠正。[①] 政府要对市场机制进行调节，以弥补市场的缺陷。政府调节的关键是要转变政府经济职能，深化行政审批制度等政务服务改革，将主要职能转移到为市场主体服务和创造良好的发展环境上。政府宏观调控时要把握两个原则：一是政府尽量不参与资源配置；二是一旦参与，要以市场的手段来进行。此外，政府要提供必要的公共物品，保证整个国民经济有良好的"硬件条件"，同时也要优化体制机制，降低交易成本，为经济的发展创造良好的"软件条件"。

对于政府与市场的关系，李稻葵的"政府与市场经济学"提出了三个基本理念：第一，政府是现代市场经济的重要参与者和竞争者；第二，市场经济运行是否平稳、是否会出现危机，政府行为至关重要；第三，政府"有为"不是偶然现象，背后一定有各类激励制度和约束制度在发挥作用。这一学说，更倾向于"有为政府"的理念。

政府与市场的关系一直是经济学界关注的焦点。弗里德曼观察到工业中的市场支持者，一方面寻求政府对他们的帮助，另一方面又害怕政府对市场进行过多的干预，一直处于矛盾之中。因此，以弗里德曼为代表的新自由主义经济学反对任何形式的政府干预。他们认为，企业经营的唯一目的是最大限度的营利，政府干预在实质上是一种限制与干涉，从微观到宏

---

① 鹿海洋：《中国行政改革中政府与市场关系问题研究》，硕士学位论文，黑龙江大学，2024年。

观的一切资源配置领域，政府作用都是可以被削弱甚至被取代的。国内也有学者认为，政府干预之手不能伸得太长，否则有破坏市场秩序之嫌。市场的本质是无为而治，而无为而治的必要条件是有效政府促成有效市场。因此，一个有限和定位恰当的政府显得至关重要。政务服务增值化改革是一场对政府服务理念思维、方式方法、运行机制、手段工具的系统性重塑。[①] 它势必会跨越政府与市场、社会主体间的边界，从而引发理论上的一系列担忧和困惑。这种跨界服务是否会导致企业"有问题找市长"的现象卷土重来？是否会扭曲价格机制，导致资源配置效率的降低？政府对域内困难企业的帮扶，是否会影响市场的出清功能？这种增值服务能否做到范围合理、结果有效，从而实现从"有为政府"到"有效政府"的跃迁？作为一种界定尚不清晰明确的新生事物，政务服务增值化改革引发的上述理论困惑，也是本书需要阐释的一个重要命题。

第四节　政务服务增值化改革的先行实践

经济转型必然导致政府转型，中国政府改革的一个重要目标就是要建立与社会主义市场经济体制相适应的服务型政府。这不仅意味着政府核心价值取向上的转变，还意味着政府与公民、企业之间良性互动机制的有效构建。历史经验告诉我们，行政体制成功转型需要找到一个合理的着眼点，单纯技术层面上的创新与修补，无法实现根本性的变革。因此，必须通过建立健全相关体制机制来破解困境。要补齐政务服务体制机制方面的短板，就需要依靠政策的"先试先行"，将地方经验上升为国家政策一直是我国制度优势的重要体现。衢州作为浙江政务服务增值化改革的先行地区，不仅承办全省政务服务增值化改革现场推进会，并获 2023 年度全省改革突破奖金奖，还探索形成了一批具有普遍意义和复制推广价值的经验做法。因此，选择衢州这一

---

① 翁列恩、唐茜茜、齐胤植：《增值化改革：政务服务提能增效的行动策略》，《中国行政管理》2024 年第 4 期。

增值化改革的样本加以深入考察，具有一定的典型性、代表性。

一、衢州"最多跑一次"改革的示范效应

（一）衢州"最多跑一次"改革的实践与价值

衢州市位于浙江省西部，地处浙、闽、赣、皖四省边际，有"四省通衢、五路总头"之称。下辖柯城区、衢江区、龙游县、江山市、常山县和开化县。衢州地势复杂，境内山脉横贯东西，下辖的县市区形成地貌各异、风俗不同的分割式区域。衢州地形以山地丘陵为主，不利于农耕和工业发展，故经济自古以商贸为主。由于区位、历史等因素，衢州经济发展水平处在全省靠后位置。除柯城区外，衢州下辖的 5 个县（市、区）均在浙江省山区 23 县（经济社会发展低于全省平均水平）之列。

2016 年 12 月，浙江省正式提出"最多跑一次"改革。改革理念强调要从与群众和企业关系最紧密的领域切入，让他们来监督改革、评价改革、推进改革。衢州成为这次改革的先行试点市，由此开启了一场以政府的减权确权激发市场活力和社会创造力的改革探索。[1]

衢州的"最多跑一次"改革，以公共利益意识为改革目标，以"一窗受理、集成服务"为基本特征。本质是通过简政放权，提高政务服务效率，提升群众办事便利性。在操作程序上，行政服务中心综合窗口代行部门受理职能，收件后按职责分派各部门进行并联审批再统一出件，从而实现群众办事"只进一门、只对一窗"的转变。"最多跑一次"改革以小小的一扇窗为支点，按照事项集中、业务趋同、职能相近原则整合窗口，实质是打破旧有的权力结构，摒弃部门利益，重塑政务服务流程的一次自我革新。[2]

---

① 宁竞：《整体政府视角下衢州市"最多跑一次"改革实践研究》，硕士学位论文，浙江工业大学，2019 年。

② 宁竞：《整体政府视角下衢州市"最多跑一次"改革实践研究》，硕士学位论文，浙江工业大学，2019 年。

"最多跑一次"改革中的"一次",既是办事的次数底线,也界定了政府的权力边界。[1]"最多跑一次"改革契合了政府流程再造理论的诸多要素。政府通过简化工作程序,实现部门权力下放。再通过合并同类项,优化工作流程,借助现代信息技术,大幅提高工作效率,提升企业和群众业务办理的满意度。它较好地解决了政府公权力和社会需求整合的问题,也较好地克服了部门间封闭僵化、重复投入、效率低下等顽疾,增强了政府行政的系统性、协同性,实现了降本增效的行政目标。并且,在此基础上,它还构建了一个以公众满意度为首要标准的行政绩效评价体系,为建设精简高效的服务型政府打下了扎实的基础。

(二)衢州"最多跑一次"改革取得的成效及其示范效应

衢州的"最多跑一次"改革取得了较大的社会影响力。2017年1月,"最多跑一次"改革正式写入浙江省政府工作报告。2018年1月,"衢州市政务数据共享应用工程"被国家发改委列为重大工程支持项目,衢州成为全国地级市中唯一一上榜城市。2018年4月,衢州正式运行"无差别受理"政务服务模式。2018年7月,衢州成为全国首批支持"电子身份证"线下业务办理的城市。

以衢州实践为代表的"最多跑一次"改革,不仅被央视《新闻联播》报道,还被编写为央视政论片《将改革进行到底》的改革案例。2018年8月,在由国家发改委组织的全国首个营商环境试评价中,衢州在22个试评价城市中位列第四,仅列北京、厦门、上海之后。

"最多跑一次"改革这项"刀刃向内"、面向政府自身的自我革命,已然成为浙江将改革向纵深推进的一块金字招牌,撬动了浙江各方面各领域的改革,在诸多方面取得重大实质性突破,引领形成浙江全面深化改革发展的新优势。"最多跑一次"改革也是我国政务服务改革史上的一个典型

---

[1] 宁竞:《整体政府视角下衢州市"最多跑一次"改革实践研究》,硕士学位论文,浙江工业大学,2019年。

性样本，显现出巨大的示范带动效应。2018 年 3 月召开的全国两会上，"最多跑一次"被写入政府工作报告。同年 5 月，中共中央办公厅、国务院办公厅印发的《关于深入推进审批服务便民化的指导意见》，把"浙江省'最多跑一次'经验做法"作为典型经验之一向全国全面推广。2018 年 10 月，吉林省政府取消了省级行政权力层面高达 30% 的事项。2019 年 4 月，由浙江省市场监督管理局为第一起草单位、以"最多跑一次"改革经验为基础的《审批服务便民化工作指南》国家标准在全国实施，重点采纳了浙江"最多跑一次"改革的诸多成果，以及浙江省数据共享举措、政务服务系统建设模式、无差别全科受理等实践做法，形成可复制、可推广的标准文本。2019 年 9 月，《辽宁省推进"最多跑一次"规定》正式施行。

二、"企呼我应"——回应性服务型政府的衢州试验

（一）服务型政府视角下的"企呼我应"机制

一种治理模式的存在意义和发展价值，就在于它具有不同于其他治理模式的运行过程，并且能够实现传统的或其他的治理模式所不能实现的社会功效和行政效率。[①] 服务型政府即是如此。服务是提供者为满足他人的需求而做的有益的事，具有利他性、被支配性和自愿选择性的特征。刘熙瑞认为："服务型政府就是在公民本位、社会本位理念指导下，在整个社会民主秩序的框架下，通过法定秩序，按照公民意志组建起来的以为公民服务为宗旨并承担着服务责任的政府。"[②]

拉塞尔·林登认为，今天社会公众或顾客的需要与传统社会背景下的需要产生了极大的变化，在各种新的需要中，最突出反映出的是对"及时""便利""多样化""面向客户"的极大需求。因此，政府的改革需要再造一种给顾客提供"无缝隙"服务的方式。无缝隙组织的顾客与服务提

---

① 孙选中：《服务型政府及其服务行政机制研究》，博士学位论文，中国政法大学，2008 年。

② 刘熙瑞：《服务型政府——经济全球化背景下中国政府改革的目标选择》，《中国行政管理》2022 年第 7 期。

供者之间不存在繁文缛节，顾客的等候时间大大缩短。无缝隙组织以一种整体的而不是各自为政的方式提供服务。

简而言之，公众利益、公共政策、行政人员和服务系统，是构成服务行政的四个基本要素。而政府服务行政的着力点是在准确把握公众利益的基础上，不断对后三者进行优化。公共政策的制定，要最大限度地满足公众利益。要建立一支既有服务意识又有服务能力的行政人员队伍。更为重要的是，要构建一个资源充足、统筹协调、运行合理的服务系统。衢州的"企呼我应"机制，本质上是通过政府的自我革命，重塑政府和市场边界，再造政府履职流程，从而构建起政府与社会、企业、群众之间的有效链接，实现服务理念、服务范围、服务周期、服务主体、服务方式、服务手段的迭代升级，开辟了一条供给侧、需求侧相结合，提升政府服务力的"新赛道"。那么，它是否符合公众尤其是市场主体的利益？为此，它制定了哪些公共政策？政策的实际效果怎么样？相关行政人员的素质能力能否胜任这种新型服务？其服务系统又是如何运作的？

（二）回应性政府视角下的"企呼我应"机制

何祖坤认为，"回应"一词，就是对某种行为、愿望、思想的相应反应与回馈。政府回应又称政府反映性，它有政府应答、反应的意思，"就是现代政府公共管理的过程中，对公众的需要和所提出的问题做出积极敏感的反应和回复的过程"。[①] 其基本意义是"公共管理人员和管理机构必须对公民的要求做出及时的和负责的反应，不得无故拖延或没有下文"，这实际上体现了政府及其工作人员的责任性。它包含了"及时、沟通、能力、责任"四个基本要素。也就是说，政府行政人员要在"第一时间""第一地点"去收集公众的公共服务需求，并在合法的前提下及时有效地满足这些需求，倘若公众正当合理的公共服务需求得不到及时有效的回

---

① 何祖坤：《关注政府回应》，《中国行政管理》2000 年第 7 期。

应，相关政府部门和行政人员就要承担相应的责任。

为实现上述目标，回应机制必须寻求一种新的服务概念定位，并重新塑造政府行政的回应流程，以适应政府治理的自我需要和满足公众利益最大化的服务需求。此时，政府回应的服务行政就应当表述为政府部门和行政人员在激发、预测和充分掌握公众意愿和社会良性需求的基础上，对公众所反映的期望或问题作出及时的反应，并通过切实的反馈系统加以公正、有效处理并给予有效回应的公共行政过程。①

政务服务增值化改革实则是服务能级上的提升，即由原先降低制度性成本的快捷服务，提升到以生产要素服务为中心的发展型服务。其本质上是一种聚焦企业需求导向、基于政企互动、反映市场变化的全新的回应性服务。这对政府自身能力也提出了更高的要求：要具备政策创新能力、资源协调能力、市场判断能力、市场化生产要素的监管服务能力，以及创新发展的引导支持能力等。

现代管理制度认为，机制是经过实践检验证明有效的、较为固定的方法，以及在此基础上总结提炼出的系统化、理论化的制度。政府回应总是需要通过一定的方式、渠道和载体。衡量回应渠道的根本指标是畅通能力，可以从回应渠道的制度化程度、灵敏度和完整性三个方面加以考察。衢州市"企呼我应"应用平台是一种旨在解决企业诉求和问题的服务平台和机制，通过线上线下多种渠道收集处理企业的需求和问题，确保每件诉求都能得到回应和解决。它强调建立高效闭环的问题收集和推动解决机制。实践中，它推出了哪些制度化的措施？它的灵敏度如何？运行过程中碰到了哪些阻滞？又是如何解决这些阻滞的？其完整性和整体协同性又该如何评价？回应型服务型政府的衢州探索取得了怎样的成效？未来的发展方向又在哪里？

---

① 赵晗：《中国地方政府回应机制建构研究》，博士学位论文，吉林大学，2011 年。

第二章

政务服务增值化改革的
文献综述与分析框架

　　政务服务增值化改革是推动营商环境建设的主要抓手，也是政府治理现代化的重要举措，已成为地方政府改革的焦点和学者研究的热点。随着数字技术的飞速发展和公众对高效、便捷服务需求的日益增长，政务服务增值化改革已成为提升政府效能、优化营商环境的关键路径。本章通过梳理提炼政府服务增值化相关文献内容，构建系统性的分析框架，深入探讨如何通过公共服务、社会服务、市场服务等多方面的综合施策，以及价值需求、制度创新、数字赋能等关键要素的支持，推动政务服务向更加高效、智能、个性化的方向发展。

第一节　政务服务增值化改革的文献综述

　　随着政务服务改革的不断推进，政务服务提供方式持续创新，服务质量不断提升。在传统官僚行政体系的层级管理和职能分工概念中，传统政务服务的事项、内容及评价标准往往基于政府职能或角色功能定位，取决于政务服务主体的职责及其任务事项的具体规定，具有法定性。但是自20世纪70年代新公共管理运动兴起以来，学者对政务服务的研究开始转向服务管理学的视角。这一视角强调以公众需求为导向，注重提升政务服务的质量和效率，优化服务流程，增强公众满意度。此阶段的政务服务内涵，是政府及其职能部门、法定授权的相关组织，依据法条规章为行政相对人

（组织或个人）办理行政权力事项和公共服务事项的活动。[①] 进入 21 世纪以来，市场经济发展与政务服务质量有着密切的关系，特别是营商环境建设的重要性日益显现。此阶段的政务服务内涵则包括了政企、政民的互动，强调企业监管负担、公共服务质量、服务效率三者的合理均衡，也注重政府、市场和企业多元主体协同供给公共服务。这时的政务服务具有了超常规性法定性的衍生服务即"增值"的意义。

"增值"在《牛津英语大辞典》中的定义是"物品在其各个生产阶段增加的价值"。政务服务增值化改革源于现代管理学中"增值服务"的概念，[②] 特指根据顾客需要，为顾客提供超出常规服务范围的服务，或者采用超出常规服务方法提供的服务，以增加顾客对产品或服务的满意度和忠诚度。由此，"增值服务"概念是指各级党委和政府在基本政务服务便捷化的基础上，整合公共服务、社会服务和市场服务功能，围绕企业全生命周期、产业全链条，提供更加精准化、个性化、深层次的衍生服务，包括政策、人才、金融、科创、法律、开放、公共设施等集成服务。因此，政务服务增值化改革是指党委和政府为促进企业降低成本、增加收益、强化功能、加快发展，通过制度创新、数字赋能双轮驱动，政府、社会、市场三侧协同，进一步优化基本政务服务、融合增值服务，对政务服务体制机制、组织架构、方式流程、手段工具进行的变革性重塑。[③] 通过检索发现，学术梳理及研究动态主要有三个方面。

一、政务服务增值化改革的内在动力在于满足市场主体及人民群众的价值需求

随着公共管理理论的不断发展，特别是新公共管理理论的兴起，国外

[①] 李志杰：《中国式政务服务的集成化改革：一个理论分析框架》，《领导科学》2024 年第 5 期。

[②] Olya H，Altinay L，De Vita G，"An Exploratory Study of Value Added Services," *Journal of Services Marketing*，No. 3，2018.

[③] 中共浙江省委办公厅、浙江省人民政府办公厅：《关于推进政务服务增值化改革的实施意见》2023 年 10 月 11 日。

对政务服务的研究开始转向服务管理学的视角。这一视角强调以公众需求为导向，注重提升政务服务的质量和效率，优化服务流程，增强公众满意度。政务服务应以满足公众需求为核心，通过加强政府与公众的互动与沟通，提高政务服务的针对性和有效性。它提倡建立多渠道、多平台的政务服务体系，方便公众随时随地获取政务服务。① 政务服务是一次从职能意义上的管理型政府向实质意义上的服务型政府的回归，彰显了在内外部环境复杂深刻变化背景下政府"积极求变"和"敏捷应变"的治理逻辑。政务服务作为政府回应社会诉求的现实体现，其最终结果通常体现为行政相对人权利的授予和资格确认。政务服务强调公共资源的科学配置、行动主体能动性的发挥、治理工具的优化组合达成服务高效供给。② 政务服务增值化改革以服务对象需求为导向，通过整合政府、市场和社会多方资源，为企业提供精准化、个性化服务。③ 通过提供政府法定职责以外的衍生的个性化服务，实现了对便捷主义范式的突破，推动政务服务向增值化方向迭代升级。政务服务增值化改革的核心转向了实质性的省域全面实施，通过集成提供更广范围、更深层次的服务，构建全链条、全天候、全过程的精准、便捷、优质、高效的为企服务新生态。④ 因此，政务服务改革从传统政务模式（注重政府内部行政原则、过程与程序管理）转变为以公民需求为中心的政务服务供给，逐步析出、整合面向全体公民的政务服务，使政务服务供给从围绕政府权力"转"变为围绕公民需求"转"。⑤ 价值需求方面的研究揭示了政务服务增值化的内在动力逻辑。政务服务增值化不

---

① Lawrence Lessig, "Does Managerial Orientation Matter？The Adoption of Reinventing Government and E-Government at the Municipal Level," *Information Systems Journal*, Vol. 15, No. 1, 2024.

② 宋林霖、李广文：《政务服务"基本问题"论析》，《江苏行政学院学报》2024 年第 2 期。

③ 翁列恩、唐茜茜、齐胤植：《增值化改革：政务服务提能增效的行动策略》，《中国行政管理》2024 年第 2 期。

④ 王义蕊、梅杰：《政务服务增值：有为政府的价值推进与深化策略》，《福州党校学报》2024 年第 4 期。

⑤ 赵映、张鹏：《政务服务改革的价值取向：演进、型塑及实现路径》，《上海行政学院学报》2023 年第 4 期。

仅提升了政府的服务效率，还促进了政府职能的转变，强调了科技赋能、社会公平和治理创新的重要性。

二、政务服务增值化改革的重要保障在于推进服务流程和管理机制的制度创新

政务服务增值化改革可以看作治理结构、治理过程和领导作用的有机结合与反复互动的非线性跨界治理过程，跨界领导者依托价值共创，引领多元主体协作，整合涉企机构职能，重塑政务服务架构，综合集成服务场景，构建政务服务共同体。增值服务模式的出现，推动政务服务创新从"点上开花"到"全域成景"，形成改革整体效应，赢得营商环境发展新优势。政务服务增值化改革的深层次逻辑是体制机制革新与制度重塑，技术与制度的有效融合构成数字治理生态。政务服务增值化改革包括健全标准规范体系，从服务创新到制度重塑，制定政务数据资源共享与开发应用制度，建立政务服务增值化改革绩效评价体系。① 当前，营商环境治理的创新实践，是在数字时代市场主体需求升级与地方政府推动经济发展双重动力共同作用下所进行的积极探索和改革的结果，反映了经济和政治两种逻辑在特定时空场域中的交织互动。营商环境治理的进一步创新，是数字时代市场主体需求升级和地方政府促进经济发展背景下地方自主探索的结果，催生了从政府供给导向向市场回应导向的转型和调适。浙江政务服务增值化改革中蕴含的政府治理实践创新的调适进路具有标志性意义，为我们在价值判断上考虑制度和治理有效性提供了有益借鉴。地方政府在营商环境治理中的创新举措集中在提高政府效能、提高行政审批效率、推动多任务协同、跨部门联动等方面，使法治化营商环境建设逐渐成为国家治理

---

① 刘祺：《从便捷服务到增值服务：政务服务体系重塑与治理变革》，《中共天津市委党校报》2024 年第 3 期。

现代化的重要契机与核心支点。① 浙江省在政务服务增值化改革方面主要围绕组建机构加强政务统筹协调、线上平台集成业务高效办理、赋码企业实现信息交互共享、事项清单明晰服务规范标准、多元协作打通"一件事"和"一类事"服务链等领域开展创新实践。② 制度创新方面的研究揭示了政务服务增值化在政策支持、流程优化、管理机制等方面的关键作用。

三、政务服务增值化改革的关键支撑在于推动数据共享与精准推送的数字赋能

随着信息技术的飞速发展，信息化和智能化成为提升政务服务质量和效率的重要手段。政府部门纷纷利用云计算、大数据、人工智能等先进技术，构建智慧政务平台，实现政务服务的在线化、智能化和个性化。③ 大数据技术在政务服务中的应用受到广泛关注。通过数字赋能，实现政务服务的精准匹配与数据基础支撑，促进政务服务体系整体实现精准供给、提质增效。大数据技术可以用于分析公众的服务需求，为政府提供精准的服务内容，从而提升服务的个性化和智能化水平。例如，一些地方政府通过数据分析，了解公众的服务需求，进而提供更加精准的服务，这不仅提高了服务效率，还增强了公众对政府服务的满意度和信任度。④ 人工智能技术的应用则进一步提升了政务服务的用户体验。政务服务增值化改革以服务对象需求为导向，通过整合政府、市场和社会多方资源，为企业提供精准化、个性化服务。人工智能技术可以实现智能咨询、自助填表等功能，

---

① 潘思蔚、刘殷东、黄冬娅：《地方政府在营商环境治理创新中的转型与调适——基于浙江政务服务增值化改革的案例研究》，《治理研究》2024 年第 2 期。

② 翁列恩、唐茜茜、齐胤植：《增值化改革：政务服务提能增效的行动策略》，《中国行政管理》2024 年第 2 期。

③ Peter Drucker，"Moderating Effects of Business-systems Corruption on Corruption in Basic National Institutions and Electronic Government Maturity：Insights from a Dynamic Panel Data Analysis," *International Journal of Information Management*，No. 59，2010.

④ 王义蕊、梅杰：《政务服务增值：有为政府的价值推进与深化策略》，《福州党校学报》2024 年第 4 期。

提升服务体验。例如，一些地方政府通过引入智能客服系统，实现了 24 小时在线咨询服务，大大提升了用户的满意度。此外，随着大数据、云计算、人工智能等技术的广泛应用，政府应充分利用这些技术手段，实现服务流程的自动化、智能化，提高服务效率和精准度。[①] 数字赋能不仅提升了政务服务的技术水平，还促进了政府职能的转变。通过数字技术的应用，政府可以实现从碎片化治理到整体性治理的转变，提升政务服务的综合效能。[②] 因此，数字赋能是政务服务增值化的核心支撑，通过大数据、云计算和人工智能等技术的应用，实现了政务服务的智能化、高效化和增值化。

综上所述，政务服务增值化突破了已有法定政务服务边界，在理念、内涵、要素等方面均有不同特点，见表 2－1，推动政务服务向上下游拓展，进一步整合部门服务职能、重塑政务服务模式，形成为企服务新生态，契合了国际通行规则和世界银行宜商环境评价要求，有助于打造对标世界一流的营商环境。

表 2－1　政务服务增值化改革的三要素

项目	价值需求	制度创新	数字赋能
理念	公共价值	创新重塑	精准共享
内涵	以服务对象需求为导向，通过整合政府、市场和社会多方资源，为企业提供精准化、个性化服务	整合涉企机构职能，重塑政务服务架构，综合集成服务场景，构建政务服务共同体	实现政务服务的精准匹配与数据基础支撑，促进政务服务体系整体实现精准供给、提质增效
要素	精准识别 高效供给 衍生个性	多元协作 场景集成 全周期全链条	智慧平台 系统集成 精准匹配

第二节　分析框架的构建

基于以上研究回顾，构建"价值需求－制度创新－数字赋能"三维一

---

① 孙枭坤、陈宇：《雄安新区公共服务精准管理的实践路径、内在逻辑及未来面向》，《学术交流》2023 年第 7 期。

② 李志杰：《中国式政务服务的集成化改革：一个理论分析框》，《领导科学》2024 年第 5 期。

体的分析框架（如图 2－1 所示），以阐释政务服务增值化改革的理论基础，便于更好地理解增值化改革的运行机制。

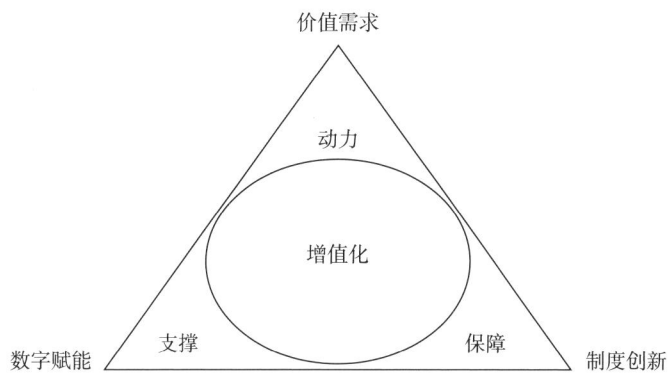

图 2－1　政务服务增值化改革的分析框架

一、价值需求：政务服务增值化改革的内在动力

政务服务本质上是一种公共产品，主要由服务事项构成。其供给方式、服务质量和价值导向，类似于商业产品的设计、制造和销售生命周期，核心在于关注产品与"用户"之间的互动质量。一方面，政务服务改革首先聚焦于企业和公众接触频繁的窗口性职能，通过将政务服务事项从市场监管、公共基础设施建设、生态环境保护等公共职能当中独立出来，形成了一个专门针对企业和公众的政务服务事项清单。这一清单区别于机关内部事务，专注于为企业和公众提供便利，同时被整合纳入基本公共服务的框架中；"政务服务"的意涵也因此从政府内设办公室为领导提供诸如文字、秘书等服务，转变为政府向公众提供服务。[1] 另一方面，数字政务服务借助"互联网＋"、云计算和大数据等新技术，不仅推动了电子政务的深刻变革，还逐步向以公民为中心的整体主义和数字化治理转型。此次转型重塑了政务服务的事项清单、平台体系，以及供给中权责与资源的

---

[1]　黄璜：《中国"数字政府"的政策演变——兼论"数字政府"与"电子政务"的关系》，《行政论坛》2020 年第 3 期。

合理配置。因此，政务服务从关注内部管理效率转为以公民需求为核心，着力解决难办、慢办、烦琐等问题，显著提升公民的"用户体验"，进而有效提高政府与公民之间的互动质量。

价值需求强调通过准确识别企业动态变化的需求，确保政务服务供给能够有效匹配相关需求，实现政府服务供给的价值。政务服务增值化改革并不是法律法规明确规定的服务项目，而是政府在履行法定职能之外提供的额外服务。要界定这些衍生服务及其必要性，关键在于了解增值服务的需求来源，其核心在于需求导向的政务服务精准定位与有效供给。新公共服务理论强调政府应服务公民而非顾客，顾客的需求有先后之分、利益有短期和长期之分，而公民的需求和利益没有先后与短长期之分，因此，政府应采取包容性的行政模式，尊重不同群体公民的意见，并为其提供公平公正的服务。① 传统的基本政务服务在监管内容、方式及公共服务质量上，尚未能有效应对经济、社会和技术环境的快速变化。这主要表现为监管机构及其制度缺乏动态调整能力。政务服务的增值化改革正是为适应数字化时代而设计的一种敏捷治理形式，也是对法定事项以外的服务予以提供的新模式。此项改革以数字化为驱动力，建立了业务趋势感知机制，提前识别和评估服务优化及效能提升中的薄弱点。其改革目标围绕解决发展中亟须解决的问题、改革亟须推进的事项、基层的期盼及公众的关注难点，通过在现有体制内克服有效供给不足的障碍，改革整合各类资源，以更好地满足企业需求，提高服务的供需匹配度。

同时，在探索政务服务增值化改革的过程中，还应积极吸引社会力量和市场机制的参与，在提高服务的灵活性与响应速度之外，可以更精准地把握公民的需求。通过推进政府与企业、社会组织的广泛合作，形成多方参与的服务生态系统，推进价值需求的满足。此外，为了确保改革的可持续性，需建立系统化的反馈机制，定期收集和分析服务对象的意见和建

---

① Janet V. Denhardt, Robert B. Denhardt, "The New Public Service: Serving Rather Than Steering," *Public Ad-ministration Review*, No. 6, 2000.

议。这不仅能帮助政府及时调整服务策略和改善服务流程，还能增强政府与公众之间的信任及沟通。总之，政务服务增值化改革要在价值需求的精准识别和供给上实现突破，以全面提升政府服务的效率和满意度，推动政务服务的发展进步。

二、制度创新：政务服务增值化改革的重要保障

政务服务增值化改革，其关键核心在于体制机制的创新及制度的彻底重塑。现代技术与制度的有机结合创造了一个数字治理的生态系统，但如果制度不够完善或者存在漏洞，技术的应用不仅无法带来预期中的效益，反而可能导致意想不到的负面结果。因此，有效实施数字治理应当基于深思熟虑和公正合理的价值判断，而科学合理的制度与先进前沿的技术正是实现这种治理的基石。在这一背景下，新一代信息技术如人工智能、大数据及区块链等，只不过是推动政务服务增值化改革的手段和工具，而真正实现该变革的关键仍然在于制度创新。要通过数字赋能来促进和深化政务服务增值化改革，完善的制度保障不可或缺。具体而言，这需要加强政府职能部门与立法机关之间的协同合作，快速制定并优化相关的法律法规，同时完善政府规章和规范性文件，力求形成一个适应增值服务协同供给的完备政策法规体系。而为了保证改革措施的长效和可持续性，所有有效的措施必须被及时制度化。这意味着，应当在增值服务的各个领域形成系统化的长效管理机制，从而确保改革所取得的成果不仅是即时的，而且是可持续发展的。只有这样，政务服务的创新改革才能在新技术的加持下不断取得新的突破并更好地为公众服务。

推动政务服务增值化制度创新，需要从以下五个方面进行探索。第一，要优化企业综合服务中心的实体化运作和标准化管理。为此，各级政府需要对增值服务事项的标准进行统一，包括服务规范和技术要求。通过实行清单化管理，实现服务大厅的全流程控制，打造线上线下无缝衔接的服务体系，落实"无差别受理、统一标准办理、统一质量服务"的工作目

标。第二，应建立有效的问题解决闭环管理和责任机制。可以通过设立"营商台账"作为兜底服务的核心工具，确保企业诉求问题在受理、流转、督办和反馈各环节都得到全面管理。对于那些历史遗留或涉及多个部门的复杂问题，需明确首问负责部门和牵头部门的具体责任，通过设立工作专班和联席会议机制来快捷解决问题，并重视对问题分析和案例总结，以促进区域性和领域性问题的有效整改。第三，需要探索多元主体间业务协同的创新管理机制。要建设一个涵盖政府、市场和社会三者协同创新的生态链，完善创新动议、政企沟通、达成共识、风险评估、能力提升、执行保障与监督这样的全流程创新机制。通过这些推进措施，实现政府、企业、社会三方共建、共享和共赢的改革格局。第四，在政务数据的管理方面，需要制定数据资源共享与开发应用的制度。该制度应确保各方能够高效共享数据，促进政务数据的合理开发和广泛应用，从而实现资源的最优配置。健全政务数据分级分类、确权、利用、流通、管理、服务的制度规则设计，推进政务数据的资源目录、标准规范一体化，[①] 建立完善的数据共享与供需对接机制，明确数据流通和交易规则，推动政务数据与社会数据的融合应用，促进企业和民众从中获益更多。第五，要建立政务服务增值化改革的绩效评价体系。这一体系应关注增值服务的效益、效率、效能和回应性等多维度，精心设计评价指标，以企业的获得感和满意度作为核心标准。这样，企业在营商环境建设中不仅能成为服务的对象，更能成为积极参与者、严格监督者和公平评判者，全面提升改革成效。

此外，需要加强政策宣传和培训，以确保各方对增值化制度创新有充分的理解和支持。可以通过举办研讨会、培训班及线上线下相结合的宣传活动，提高政府工作人员、企业和社会公众对制度创新的认识，推动各方积极参与改革实践。同时，建立长期的监测和反馈机制，以确保增值化制度创新的持续改进。定期收集和分析各类数据，对实施效果进行科学评

---

① 徐军：《政务数据共享开放研究》，《领导科学论坛》2023 年第 8 期。

估，根据实际情况调整政策措施，从而保持制度创新的活力和可持续性。与相关利益方保持开放的对话渠道，及时回应意见和建议，使政府服务更透明、更具包容性，从而进一步推动政务服务增值化改革的深入和扩展。

三、数字赋能：政务服务增值化改革的关键支撑

数据是政务服务增值化改革的核心要素，应充分认识到政务大数据价值，将政务大数据作为核心资产进行运营，对其进行全生命周期管理。[①]同时，只有数据与业务深度结合，才能真正释放价值，通过数据驱动的决策不断优化服务流程，从而实现业务的创新升级，更好地满足企业的需求和习惯。改革的目标在于智能化，将线上平台转变为能够自主思考的智能系统。这样的平台不仅能够提高决策的效率和准确度，还能为企业提供精准且定制化的增值服务。利用 AI 学习算法来处理海量政务数据，可以预测企业的需求和产业发展趋势，从而制定出科学的产业发展政策。通过搭建全面的政务数据模型，可以满足多样化的场景需求，如政务咨询、智能办事、企业画像和政策指导等。构建一个"数据大脑"，深入挖掘和观察现有政务数据。这样的数据大脑可以分析本地产业结构、行业分布和发展情况，了解企业运营、市场环境和信用建设等要素，为政府的科学决策和企业的精准投资提供全面的依据。此外，通过关联分析和用户行为研究，引入各种变量进行预测，可以有力地展示行业和产业的未来发展趋势。这将为政府的政策制定及企业的优化运营提供重要支持。

数字赋能通过现代数字技术的应用，打破政府内部的数据孤岛，发挥数据作用，缩小各地区之间的数字差距，从而提升整体政务服务效能。在当今的政府治理中，数据壁垒和数字鸿沟的问题日益显著地影响着政府效率和公共服务质量。不同部门间的数据阻隔降低了政策制定和政务服务的精准度，导致资源浪费。各地区政府在数字能力上的差异显著，造成了政

---

① 范逢春、王彪：《政务大数据治理的内涵辨析与逻辑建构——基于"本体－工具－目标"的分析视角》，《中共天津市委党校学报》2023 年第 1 期。

务服务资源分配的不公平及服务质量的地区差异。数字治理理论强调数字技术在公共部门改革中的重要作用，旨在实现以数据信息共享为基础的部门协同治理。为实现政务服务的增值，改革应鼓励各部门间建立正式与非正式的沟通渠道，增强理解与信任，提升合作与交流。要积极破解数据流通障碍，通过运用数字化技术与思维，统筹运用数字化技术、数字化思维、数字化认知，以一体化智能化公共数据平台为支撑，迭代更新线上企业综合服务平台和企业码，推进多跨协同、全面贯通、综合集成、建章立制。

此外，当前建立全面的数据安全保障体系显得尤为重要。这样的体系能够确保数据在共享和使用的各个阶段不被滥用或泄露，成为数字赋能的关键一环。为实现这一目标，各地政府需要积极采取措施，通过强化数字人才的培养力度，提升工作人员的数字素养和技术能力，这样才能更好适应变化迅速的数字环境。政府与科技公司的协作也至关重要。通过引进先进的技术解决方案，可以加速政务服务的数字化转型，使公共服务更加高效、智能。在这一过程中，公众的参与同样不可忽视，加强其对数字服务的认知和使用能力，能够将数字治理作为提升公共服务质量的有力工具。在数字化的环境中，创新的参与机制可以让公民在政策制定中发挥更大的作用，确保政策更为贴近公众的实际需求。政策层面上，政府应当制定统一的数据共享标准和法规，以促进各部门间的数据互联互通，实现数据资源的高效利用，并推动跨部门的协同创新。这些努力将不仅提升政府的治理效率与透明度，更为经济和社会发展带来新的动能。真正实现数字赋能，需要社会各界的共同参与和持续推进，共同构建一个更加智慧与高效的公共治理体系。通过这样的齐心协力，我们将迎来一个全新的数字时代，为每个公民创造更美好的生活。

第三章

衢州政务服务增值化改革的主要内容

衢州政务服务增值化改革不仅是对传统政务服务模式的全面革新，更是对现代服务型政府建设的一次生动实践。近年来，国家和地方政府高度重视政务服务改革，提出了一系列优化营商环境的政策措施，政务服务增值化改革作为其中的重要组成部分，得到了政策层面的明确支持和推动。衢州市作为浙江省政务服务增值化改革试点之一，积极响应时代号召，率先启动了政务服务增值化改革。

在早期的政务服务改革中，衢州市已然实现了从集中审批向集成服务、从现场办理向线上线下服务的转变，尤其在推进"最多跑一次"改革过程中，取得了诸多显著成果。然而，随着改革的深入及市场经济的不断发展，企业和群众对政务服务的需求日益多样化、个性化，需要政府提供更加精准、高效、便捷的增值服务，这就意味着政务服务不仅要关注基本的政务服务事项，还要注重拓展增值服务领域。因此，进一步优化审批流程、减少办事环节、梳理共性问题、关注个性需求成为提升政务服务效能的迫切需求。在此背景之下，数字化、智能化技术的不断发展，也为这场改革提供了有力的依托。

可以看到，衢州市推进政务服务增值化改革的动因是多方面的，这场改革既是提升政务服务效能的迫切需要，也是满足群众和企业多元化需求的必然选择，还是推动经济社会高质量发展的内在要求及适应数字化时代发展的必然趋势。本章将深入探讨衢州政务服务增值化改革的主要内容，旨在揭示其背后的核心理念、架构布局、关键举措及推进路径。通过践行

"以人民为中心"的发展理念、以优化营商环境为目的，衢州正致力于构建一个高效、便捷、智能的政务服务新生态。

第一节 政务服务增值化改革的基本原则

政务服务增值化改革始终秉持以人民为中心的发展思想，旨在打造更加高效、便捷、智能的政务服务环境。这一过程反映了政府对服务需求的精准把握程度和快速响应能力，促进了政务服务从传统向现代、从被动向主动、从单一向多元的全面转型，从而为经济社会发展注入了新的活力与动力。以下将从聚焦服务需求、坚持多元协同、强化数字赋能、注重持续发展四个方面详细阐述政务服务增值化改革的基本原则。

一、聚焦服务需求，优化营商环境

政务服务增值化改革应紧密围绕企业等服务对象的实际需求展开，[①]立足企业视角，前移服务关口，主动感知并回应企业需求，实现从"有什么给什么"到"要什么给什么"的转变。应通过深入调研、广泛听取意见等方式，准确把握服务对象的真实需求和期望，确保改革措施能够精准对接需求，并持续提升政务服务的针对性和实用性，确保服务内容能够真正解决服务对象的实际问题，切实提高服务对象的获得感。通过简化审批流程、减少不必要的行政干预、提供便捷高效的服务等措施，提升政务服务效率，并通过改革优化营商环境、降低企业运营成本、提高市场准入效率等方式，激发市场活力和创造力，进而为市场主体创造公平、透明、可预期的发展环境。

二、坚持多元协同，提升服务能力

改革应注重各个政务系统之间的集成和协调，提高政务系统的整体效

---

① 翁列恩、唐茜茜、齐胤植：《增值化改革：政务服务提能增效的行动策略》，《中国行政管理》2024 年第 2 期。

能，通过加强跨部门、跨领域、跨层级的协同合作，实现资源共享、优势互补，共同提升政务服务效能。[①] 既要充分调动政府部门、企业、社会组织等各方面的力量，推进形成政府侧、市场侧、社会侧三侧协同机制，又要通过建立统一的政务服务平台，实现不同部门、不同层级之间的信息共享和业务协同，推动市、县、乡三级多跨协同、联动作战。[②] 过程中应注重通过加强政务服务体系建设、完善服务设施和设备、提高服务人员的专业素养和服务意识等措施，确保政务服务能够满足不同群体的多样化需求，全面提升政务服务的能力和水平。

三、强化数字赋能，推进服务创新

改革要充分利用大数据、云计算、人工智能等现代信息技术手段对政务服务进行创新和升级，通过数字化手段提高政务服务的智能化、个性化水平，提升服务效率和用户体验。需要注意的是，强化数字赋能不仅在于技术应用本身，更在于通过技术创新推动政务服务模式的变革和创新。[③] 应鼓励创新思维和模式探索，不断尝试新的服务方式和方法，以更好地满足服务对象的需求。同时，加强政务服务创新成果的总结和推广应用，形成可复制、可推广的经验做法，推动政务服务整体水平的持续提升。

四、注重持续发展，建立长效机制

政务服务增值化改革是一个持续不断、与时俱进的过程，应注重建立长效机制，确保改革成果得以巩固和深化。既应注重政务服务绩效评估体系建设，定期对服务效率、服务质量、服务满意度等进行评估，并根据评

[①] 冯俊、冯立：《总结和运用宝贵历史经验明确进一步全面深化改革的总目标和原则》，《红旗文稿》2024 年第 15 期。

[②] 潘思蔚、刘殷东、黄冬娅：《地方政府在营商环境治理创新中的转型与调适——基于浙江政务服务增值化改革的案例研究》，《治理研究》2024 年第 2 期。

[③] 翟云：《基于"互联网＋政务服务"情境的数据共享与业务协同》，《中国行政管理》2017 年第 10 期。

估结果及时调整优化服务措施，同时加强政策研究和创新，密切关注经济社会发展新趋势、新需求，不断调整和完善政务服务内容和方式，确保政务服务始终能够适应时代发展的要求。又要注重政务服务相关法律法规体系完善，明确服务主体的权利与义务、服务范围与标准、服务程序与责任等，为政务服务提供坚实的法律支撑，确保政务服务改革在法治轨道上稳步推进，实现服务规范化、制度化、长效化。

第二节　政务服务增值化改革的整体架构

政务服务增值化改革的整体架构设计遵循了现代服务型政府的发展理念，[①] 旨在通过结构化的改革措施，实现政务服务的精细化、智能化和高效化。衢州政务服务增值化改革的整体架构包括三个层次：一是服务层，即面向公众提供各类政务服务事项的窗口和平台；二是管理层，负责政务服务事项的审批、监管和协调，以及制度框架的设计；三是支撑层，提供技术支持、数据共享和安全保障。三个层次相互衔接、互为支撑，共同构成衢州政务服务的完整体系，也紧密契合了"价值需求－制度创新－数字赋能"三维分析框架的内涵与宗旨。

一、服务层：以满足价值需求为导向，实现服务事项办理的集成化与个性化

服务层作为政务服务增值化改革的核心，致力于构建高效、便捷、全面的服务体系，直接面向公众与企业提供"一站式"、全方位的政务服务。在这一层，衢州市通过建立线上线下融合的服务窗口和平台，提供"一站式"政务服务，实现了服务事项的集成化办理，具体体现在以下几个方面。

---

①　陈水生：《国家治理现代化视角下的"放管服"改革：动力机制、运作逻辑与未来展望》，《政治学研究》2020 年第 4 期。

（一）集成服务平台

集成服务平台是指通过现代信息技术手段，将政府各部门的政务服务资源进行整合，形成一个统一、协同、高效的线上线下相融合的服务平台。它是政务服务数字化转型的关键基础设施，有效提升了政务服务效率和透明度。具体而言，在线上，建立"企呼我应"为主的线上应用平台，通过统一入口、统一标准，实现了政务服务事项的在线集中办理；企业可以随时随地通过移动设备访问平台，咨询政策信息、提交办事申请、跟踪办理进度，极大地提高了办事效率。在线下，升级完善政务服务中心等实体窗口，优化办事环境，同时设置各类受理窗口，实现一窗受理、集成服务；企业可以在这里享受到面对面的专业咨询和高效办理服务，解决线上操作不便或复杂的问题。

（二）提供衍生服务

服务层没有满足于提供基本的政务服务事项，而是在此基础上不断拓展服务边界，为企业提供全方位的衍生服务。所谓衍生服务，是指在基础政务服务之外，为满足公众和企业的多元化需求，提供的额外增值服务。这些服务包括但不限于政策解读、项目申报指导、融资对接、法律咨询等多个领域，旨在帮助企业解决在发展过程中遇到的各种难题，促进企业健康发展。同时，针对不同企业的个性化需求，服务层还需提供定制化服务方案。通过深入了解企业的实际情况和发展需求，有关部门能够为服务企业量身定制一系列支持措施，助力企业实现快速成长。提供衍生服务有助于增强政务服务的综合性和竞争力，助力企业和社会经济发展。

（三）强调服务体验

服务体验是指服务对象在接受政务服务过程中所产生的感受和评价。强调服务体验意味着政务服务要以用户为中心，注重提升服务流程、服务态度、服务环境等方面的质量。服务层的设计始终将用户体验放在首位，通过不断优化服务流程，减少不必要的环节和证明材料，让企业和群众能够更加便捷地享受到政务服务。同时，采用一些创新举措，进一步压缩办理时限，提高服务效率。在服务过程中，注重倾听服务对象的意见和建议，及时调整服务策略和改进服务方式。通过提供个性化服务、设置专属服务顾问等方式，满足不同服务对象的差异化需求，以提升服务对象的满意度和获得感。强调服务体验能够显著提升公众和企业的忠诚度，增强政务服务的吸引力和影响力。

二、管理层：强调制度创新，关注服务主体的高效协同与行动合规

管理层是政务服务增值化改革的决策和执行中枢，负责政务服务事项的审批、监管和协调，以及制度框架的设计。在这一层，衢州市通过建立高效的管理机制，确保了政务服务流程的顺畅运行和服务质量的持续提升。管理层包括各级政府部门，以及专门的管理机构和团队，负责对政务服务进行监管，制定和执行相关政策，协调不同部门之间的合作，确保政务服务的整体效能。

（一）明确服务机制与流程

管理层通过制定详细、清晰的服务操作规范和工作流程，确保政务服务事项的审批、办理、反馈等各个环节都有明确的指引和约束，从而实现政务服务的高效、有序运行。一方面，通过制定明确的协同机制和流程，明确各部门在政务服务中的职责分工与合作方式，促进政府部门之间的信息共享、业务协同和资源整合，有效避免了服务过程中的重复劳动和资源浪费，提高了政务服务整体效能。另一方面，针对政务服务中的关键环节和瓶颈问题，组织专家团队进行深入研究，提出并实施一系列流程优化措施，包括简化审批流程、减少审批环节等，从而提高政务服务效率，缩短

服务对象的等待时间。因此，明确的服务机制与流程是提升政务服务效能的基石，有助于减少冗余环节，提高审批效率，确保服务质量。

（二）加强过程管理与监督

加强过程管理与监督是保障政务服务质量的重要手段，有助于提升政府公信力，维护公众利益。主要是指有关部门对政务服务事项的办理过程进行全方位的监控和管理，确保各项服务活动符合法律法规和政策要求，及时发现并纠正问题，保障政务服务的合法性和规范性。过程中，政府建立并完善政务服务监督机制，对政务服务过程进行多角度的监督和管理，通过第三方监督、开展定期检查和不定期抽查等方式，及时发现并纠正服务过程中的问题和不足。同时，为激励服务主体积极履行职责，同步建立科学的绩效考核体系，通过设定明确的考核指标，对服务主体的工作绩效进行定期评估，及时总结经验与短板，并制订改进计划，明确责任主体与完成时限，以此推动服务主体不断提升服务质量和效率。

（三）提供政策支持与指导

政策支持与指导是推动政务服务创新发展的重要动力，有助于激发服务主体的积极性和创造力。管理层根据政务服务的发展需求和实际情况，制定并出台相关政策措施和指导意见，为政务服务事项的办理提供有力保障和支持。通过密切关注国家和地方政策动态，及时制定和解读相关政策文件，并开展有关培训与座谈，帮助服务层准确理解和把握政策精神，为服务层提供有力的政策支持和指导，确保政务服务工作的顺利推进。同步积极探索创新激励机制，鼓励服务主体在政务服务中引入新技术、新方法、新模式，推动政务服务工作的不断创新和发展，激发服务主体的创新活力。

三、支撑层：依托数字赋能，支撑增值化改革工作的全流程

支撑层是政务服务增值化改革的基石与坚实后盾，不仅承载着技术革

新与数据融合的重任，还致力于构建安全、高效、智能的政务服务体系。在这一层，衢州市通过深度整合先进技术与创新管理模式，为政务服务增值化改革注入了强大动力，并通过建立数据共享平台，实现不同部门之间的数据互联互通，提高政务服务的效率。

（一）推进跨部门数据共享

跨部门数据共享是指通过构建统一的数据共享平台或利用相关技术手段，实现不同政府部门之间数据的互联互通，打破信息孤岛，促进数据的整合与利用。推进跨部门数据共享是提升政务服务效率、优化资源配置的关键，能够显著提升政府决策的科学性和精准性。通过建立跨部门、跨领域的数据共享机制，可以有效整合来自不同部门、不同领域的数据资源，确保数据的准确性、完整性和一致性，实现政务数据的互联互通和共享共用，为政务服务提供全面、可靠的数据支撑。过程中，持续优化政务服务数据交换、共享、利用的标准规范与管理流程，促进政务服务流程的规范化、标准化，不仅避免了重复采集数据造成的资源浪费，还使各部门能够基于全面的数据信息进行综合分析和决策，提高整体服务质量和效率。

（二）实现信息精准推送

实现信息精准推送是提升政务服务的个性化水平，增强公众对政务服务的满意度和获得感的有效方式。通过数字手段，能够提升政务服务平台的智能化水平，实现政务服务事项的自动化处理、智能化分析和精准化推送。政府有关部门利用大数据分析和人工智能技术，通过政务服务平台中的智能分析引擎，能够自动收集、处理和分析用户行为数据，识别用户需求和偏好，向用户精准推送相关政策和服务信息，从而为用户提供个性化的政务服务推荐和解决方案，提升了用户满意度和获得感，还促进了政务服务资源的优化配置和高效利用。

（三）改变传统服务方式

改变传统服务方式是推动政务服务创新发展的必然要求，能够显著提升政务服务的智能化、便捷化水平。通过引入新技术、新模式和新思维，对传统的政务服务流程和服务模式进行根本性变革，以提升服务效率和质量，满足公众日益增长的多元化需求。一方面，通过打造"互联网＋政务服务"平台，实现政务服务事项的在线办理、进度查询、结果反馈等全流程电子化，突破传统服务模式的时空限制；引入"企呼我应"小程序等移动政务服务应用，让政务服务触手可及，随时随地满足服务对象需求。另一方面，强化全流程管理与监督，利用互联网技术手段，对政务服务过程进行实时监控与追溯，政府部门能够实时掌握服务进度、质量和效果等信息，及时发现问题并采取措施加以解决，确保服务质量与安全可控，以及政务服务的高效、规范和透明；同时，建立政务服务评价机制，鼓励用户参与服务评价，形成服务质量的闭环管理，促进政务服务的创新与发展，推动政务服务向更加便捷、高效、智能的方向发展。

整体而言，衢州政务服务增值化改革的整体架构，以需求为导向，通过服务层、管理层与支撑层的紧密协作与共同发力，实现了政务服务的全面升级与提质增效。其中，服务层作为改革的"前台"，通过线上线下融合的服务窗口和平台，实现了政务服务事项的集成化办理，呈现个性化与集成化的特点，前者强调服务内容丰富多样能满足不同需求，后者强调通过服务层能提供"一站式"集成服务以提升效率；管理层作为改革的"中枢"，通过明确的服务机制与流程、加强过程管理与监督、提供政策支持与指导等措施，确保了政务服务的高效协同与行动合规，呈现闭环化与标准化的特点，即通过跨部门合作与统一服务标准制定，既提升了服务效能，又保障了高品质服务质量的实现；支撑层作为改革的"基石"，通过推进跨部门数据共享、实现信息精准推送、改变传统服务方式等手段，呈现智能化的特点，从而为政务服务增值化改革注入了强大动力。

第三节　政务服务增值化改革的主要举措

政务服务增值化改革是衢州市深入贯彻省委、省政府决策部署，旨在提升行政效能、激发市场活力、推动经济社会高质量发展的重要举措。通过一系列创新与实践，衢州市在政务服务领域取得了显著成效。在整体架构的基础上，结合"价值需求－制度创新－数字赋能"三维一体的分析框架，以下将从实现价值需求、推进制度创新、强化数字赋能三方面的具体实践展开论述。

一、实现价值需求：注重依托事项梳理与载体建设

实现价值需求是引领改革方向、提升服务品质的核心驱动力。这一目标的实现需要对服务载体与内容的精心设计与深度融合。通过打造业务功能集聚、场景创新丰富的服务内容，满足企业多元化、个性化的需求；通过构建线上线下相融合的服务载体，确保企业能够随时随地享受到便捷高效的政务服务，推动政务服务从单一化向综合化、从标准化向定制化转变，最终实现政务服务的全面增值。

（一）打造业务功能集聚的服务内容

在推进政务服务增值化改革的进程中，核心在于构建一个集高效性、便捷性与创新性于一体的综合服务体系。通过设计八大功能板块、不断探索并创新增值服务场景，可以实现政务服务的全面覆盖与深度优化、个性化与差异化。

1. 设计八大功能板块

围绕企业全生命周期，衢州市依托政务服务中心大厅建设企业综合服务专区，设计八大业务板块，涵盖企业设立、经营、发展、退出等各个环节，同时升级 24 小时自助服务区，将各类增值服务向自助服务终端透出，

为企业提供全天候服务。通过政企合作、政银合作、部门协同、协会参与等多种途径，统筹做好涉企服务事项和人员进驻企业服务中心，集成服务上架至线上企业服务专区。具体内容包括：一是做好派驻中心人员选派工作。制定企业综合服务中心窗口工作人员派驻机制，明确各板块人员的数量与相关单位，按照"精干、高效"的原则，开展有关工作。为保持中心窗口派驻人员稳定，派驻中心窗口工作人员在规定时间内不能进行轮换，派驻人员纳入营商办统一管理，参照政务服务中心工作人员执行假勤管理、标准化管理等制度，并根据相关管理考核制度进行考核。二是明确各业务板块服务内容与工作职责。投资项目板块主要由住建局、资源规划局等部门参与负责，提供联合报装、踏勘、验收，执行测验合一、验登合一，实现各类投资项目全周期审批服务；人才板块主要提供人才子女入学、人力资源招引等服务，由人才办、人社局等负责业务指导；金融板块主要提供企业上市、银行对接等服务；法治板块主要提供法治体检、合同审查、商事解纷等服务；科创服务板块主要提供清障行动、信用修复等服务；知识产权板块主要提供专利检索、维权援助等服务。此外，除已有业务板块之外，各县（市、区）可根据自身实际，优化设计其他业务板块，以满足地方产业与企业发展需要。

2. 探索创新增值服务场景

在基础服务之外，全市还不断探索创新增值服务场景，满足企业多样化、个性化的需求，打造形成定制化、套餐式的涉企服务"一类事"场景，为产业链高质量发展赋能。首先是梳理编制涉企服务清单。在法定行政服务事项外，根据省经信厅梳理的全省增值服务清单，结合本地现有增值服务事项，编制企业增值服务清单，包括政策、人才、金融、科技、外贸、法律、数字化、产业链等服务，并根据清单内容和企业需求，为企业提供量身定制服务套餐。在此基础上，谋划落实增值服务场景。对标世界银行营商环境评估新体系确定的十大指标领域，围绕企业发展生命周期，以企业办理某一事项为基本场景，整合关联度高的事项为"一类事"服务场景，提供套餐式服务，推动 10 ＋ N 个"一类事"改革场景落地，同时鼓励各县（市、区）围绕企业发展全周期和产业全链条探索个性化"一类事"。比如在劳动力保护"一类事"方面，市人社局就针对企业招工难问题，创新构建"全岗通"企业用工快速响应机制，帮助企业解决用工难题。创设"一号课堂"品牌，加强区块联动，开展企业用工大走访活动，精准摸排重点企业用工需求；定制"一企一策"服务，为百亿项目针对性制定用工方案，通过市内专场、跨省招聘、订单班培养等方式帮助企业招工；开展劳动用工"一线监测"，依托基层劳动保障平台，每月开展重点企业用工监测，及时掌握企业缺工情况，并跟进招聘服务。

（二）建立线上线下融合的服务载体

政务服务增值化改革将企业和产业的诉求需求放在重要位置，致力于解决企业实际问题和优化营商环境，通过线下服务中心和线上平台的有机结合，为企业提供了全方位、多层次的服务体验。

1. 设立线下企业综合服务中心

企业综合服务中心致力于提供全方位、"一站式"、集成化的全周期全链条服务，是全市涉企服务体系的中台枢纽。该中心集成了政策咨询、融资对接、法律服务等多项功能，通过"一窗受理、集成服务"模式，极大地方便了企业办事。具体举措包括以下两方面：第一，完善企服中心布局和软硬件配套。对企服中心的选址、面积，板块的布局，标识标牌的指引，政企交流区域的设置等基本硬件条件进行优化完善，并依托政务服务中心大厅建设企业综合服务专区，合理划分有关业务板块，这些服务板块涵盖了企业在不同发展阶段所需的各种支持和帮助。同步增强企业服务中心人员配备，积极争取人员编制。以市本级为例，要求整合政企通服务中心及相关企业服务职能，升级为企业综合服务中心，承担增值服务进驻部门的事项、人员管理等事务性工作职责，打造一站集成的企业综合服务机构。第二，注重健全企业综合服务中心工作机制。健全完善企服中心内部组织架构、日常管理考核办法、问题流转处置机制，增强跨板块和前台后台、线上线下协同能力；通过动态管理涉企服务事项清单，中心持续探索更多便利化措施，并推行首问负责制，按照规定为企业提供延时服务和非工作日预约服务。在建设过程中，参照行政审批"两集中两到位"模式，要求企服中心各板块牵头部门把同一部门的涉企服务事项向一个处室集中，该处室向企业服务中心集中、进驻企业服务中心，通过涉企服务职能进驻到位、问题处置权限授权到位，实现涉企问题咨询、受理、处置在窗口"一站式"完成。

2. 搭建线上"企呼我应"应用平台

"企呼我应"平台旨在提升企业获得感，是衢州市深化推进政务服务增值化改革、推进营商环境优化提升的重要抓手，平台聚焦企业全生命周期和产业全链条服务，构建高效闭环服务机制，帮助企业纾困解难。具体包括两方面的设计：第一，在平台建设方面，建立区块"企呼我应"中台，完成系统贯通。要求6个县（市、区）和智造新城、智慧新城建立区块"企呼我应"中台，负责统筹区块服务企业工作，"中台"人数原则上不少于5人。同时，各区块要根据"企呼我应"工作机制，对原有企业诉求平台迭代升级，按照问题分类统一标准、问题数据统一格式、问题接口统一对接等要求，实现各区块问题全量实时进入市级平台问题池，市级问题可下发至区块，区块问题可以提交到市级，实现了问题的统一接收、分发、督办和反馈。第二，在平台使用方面，完善"企呼我应"服务系统，及时解决企业诉求。通过程序优化，当前企业可以通过"浙里办"或支付宝的"衢州政企通"、市营商办微信公众号、企业码微信小程序、三衢客户端等多个入口找到"企呼我应"服务入口，加之平台界面简洁明了、易操作，企业可提交问题诉求并随时查看办理进度，极大地方便了企业进行需求反馈与获取有关支持，实现企业诉求随时、随处、随心响应解决。

二、推进制度创新：加强服务机制与制度建设

在深化政务服务改革、优化营商环境的过程中，推进制度创新，特别是加强服务机制与制度建设，成为提升政府服务效能、增强企业获得感与满意度的关键所在。这一举措要求从根本上转变政府职能，实现从管理向服务的深刻转变，通过构建高效协同的服务机制和完善涉企服务的制度保障，来打破传统体制机制的束缚，确保政务服务能够精准对接企业需求，以实现服务质量的飞跃式提升。

（一）构建高效协同的服务机制

构建高效协同的服务机制是确保服务效能显著提升、企业满意度不断提高的重要基石。这一机制的构建，旨在打破部门壁垒，促进资源共享，实现政务服务从"碎片化"向"一体化"转变。

1. 建立多级联动、多元协同的服务机制

通过整合政府、企业、社会服务资源，着力构建横向联动、纵向贯通的产业链增值服务体系，有效实现服务集成，这包括市、县（市、区）、乡（镇、街道）三级政府部门的紧密协作，以及政府与企业、行业协会等多元主体的共同参与。积极推动构建多级联动的服务网络。通过明确各级各部门的职责分工，建立健全信息共享、联合办理、协同监管等机制，确保企业服务事项能够迅速响应、高效处理。即在纵向上，设立市县企业综合服务中心、园区企业综合服务中心和企业社区（产业链）服务中心，推动市、县、乡三级政策、机制及资源的贯通融合，实现一般问题不出园区、企业诉求"一个口子"解决。其中，企业社区服务中心根据产业链增值服务清单，指导企业更好精准匹配服务资源，及时收集"链上"问题。园区企业综合服务中心要联动园区各类服务企业资源，推动问题收集处置反馈，对本层级无法协调的问题及时上报。在此基础上，注重发挥市场和社会力量的作用，鼓励和支持专业机构为企业提供专业化、个性化服务。通过政府购买服务、合作共建等方式，引入优质服务资源，协同高校科研机构、行业协会、商会等，深化"政府＋"合作机制，整合头部链主型企业、研发机构和产业基金等产业资源。通过市场中介机构和产业运营平台，以市场化方式为企业提供专业服务，从而丰富服务供给。在横向上，充分发挥企业综合服务中心指挥调度作用，横向协同产业链专班、专业服务小分队、本级各部门及社会资源，加强协同联动。在实践过程中，通过统筹市级资源力量，围绕新材料、新能源等六大标志性产业链，为每条产业链建立一名链长（由市领导担任）、一名院士专家（团队）、一个产业联盟等"八个一"工作体系，构建多方协同、合作共赢的涉企服务"朋友圈"。如针对中小企业无条件开展项目中试，影响成果转化的问题，首创由政府出资建立、浙大衢州"两院"负责运营的中试基地，破解工业产品中试服务能力不足、实训匮乏等问题。

2. 建立全过程闭环服务机制

为了确保服务质量的持续提升，政务服务系统还建立了全过程闭环服务机制。这一机制涵盖了企业服务事项的咨询、申请、受理、办理、反馈等各个环节，确保每个环节都有明确的责任主体、时间节点和质量标准。一是紧盯企业诉求和项目全过程管理，围绕服务关键环节，建立健全服务机制，确保企业服务顺畅、高效。包括健全诉求全过程闭环服务机制，全面收集点上、链上、块上、线上的各类企业问题诉求，通过企业综合服务中心开展研判分派，建立"发现－解决－反馈－回访"全过程闭环服务机制；健全项目全过程跟踪管理机制，按照重大项目专班跟进、一般项目专人跟踪的服务要求，持续深化项目代办员制度，实现项目盯引、签约、开工、竣工、投产、达产全程监管、全程提速；健全全过程监控机制，深化工业强市平台应用，建立从项目生成到建成投产的全流程管理机制，推动项目"快决策、快落地、快开工、快入库、快竣工、快投产"，及时开展跟踪督办、解决、反馈闭环，实时掌控项目进度。二是建立涉企问题分级、分类、分层问题解决机制，推动涉企服务从政府供给导向向企业需求导向转变。首先是分级办理，按照问题就近高效处置原则，分别由市级、县级（区块）、乡级（企业社区）分级办理；其次是分类交办，根据职责权限将问题交办给企业综合服务中心服务板块、产业链专班、市级部门等承办主体处置；最后是分层处置，根据问题难易程度分别由企业综合服务中心，市委、市政府分管副秘书长，市委、市政府分管领导，市委、市政府主要领导协调、研究解决。

（二）完善涉企服务的制度保障

在政务服务增值化改革中，完善涉企服务的制度保障是确保改革顺利推进、服务效能持续提升的重要环节。通过制定科学合理的试点工作推进方案，明确改革目标、任务、步骤和保障措施，为改革提供清晰路径和有力支撑。同时，出台一系列涉企服务有关规定，进一步规范服务行为，优化服务流程，保障企业合法权益。这些举措共同构成了政务服务增值化改革的坚实制度基础。

1. 制定试点工作推进方案

为确保政务服务增值化改革的有序推进，衢州市制定了详细的试点工作推进方案，明确改革的目标任务、时间节点、责任分工和保障措施，为改革提供清晰的路线图和时间表，稳步推进各项改革措施落地见效。作为地方政府深化改革、优化营商环境的具体实施方案，试点工作推进方案涵盖了多方面内容：一是明确改革的指导思想、工作目标与工作原则；二是承接"五个一"，一中心、一平台、一个码、一清单、一类事试点任务的主要内容与责任部门；三是推进政务服务增值化改革，围绕衢州市全产业链全生命周期服务，构建"12345 转 8"（一枢纽、两全服务、三类模式、四张清单、五链融合、八大板块）全过程集成式增值服务体系，同步明确牵头单位与各项任务完成时限；四是加强组织领导，明确各级各部门的职责和任务，同步推进各项机制建设，加强宣传引导，确保改革措施得到有效落实。

2. 出台涉企服务有关规定

针对企业服务中的痛点、难点问题，有必要制定和完善相关政策法规，积极推进优化涉企服务地方立法，从而有效规范政务服务行为。经历了深入调研、广泛征求意见和严格审议等阶段，《衢州市优化涉企服务若干规定》经省人大批准并公布，自2024年1月1日起实施。规定明确了优化涉企服务工作的基本原则、组织领导和部门职责，提出了多项具体措施，包括推动涉企服务事项进驻政务服务中心，打造一站集成的企业综合服务中心；依托一体化智能化公共数据平台，推行涉企服务事项"一网通办"和"跨省通办"；实行涉企经营许可事项清单化管理，禁止违法设定和实施行政许可；支持科技企业孵化器和创新创业载体建设，提供优惠政策等，从而为有力促进服务链与产业链、创新链、人才链、资本链的深度融合，为企业投资兴业提供立法支持。特别是聚焦政务诚信建设，提出加强对涉企政府合同履约情况的监督、评价，建立国家机关、事业单位、国有企业及时兑付企业账款的长效机制和约束惩戒机制，通过预算管理、绩效考核、审计监督等方式，保障依法履约的企业能够及时、足额领取涉企政府合同约定的款项。通过优化涉企服务，该规定有助于构建更加稳定、公平、透明、可预期的发展环境，吸引更多企业投资兴业，推动地方经济持续健康发展。

三、强化数字赋能：应用数字技术提升服务效能

通过构建数字化、智能化的服务体系与流程，实现政务服务从"人工驱动"向"数据驱动"的转变，提升服务效率，增强服务体验，打造高效便捷、公正透明的政务服务环境。在实践过程中，通过强化数据共享利用和优化提升服务流程两大举措，从而构建起以数据为驱动的新型政务服务生态。

（一）强化数据共享利用

数据是政务服务数字化的基石。[①] 政务服务增值化改革致力于打破部门壁垒，推动政府部门间数据的互联互通和共享利用。通过建立统一的数

---

① 许宪春、靖骐亦、雷泽坤：《数字化转型在经济社会发展中的作用、挑战与建议》，《求是学刊》2023年第4期。

据共享平台，不仅为政府决策提供有力支撑，也为政务服务提供了精准的数据支持。一方面，涉企信息全量归集，精准匹配服务需求。按照实效性、实操性要求，建好用好"企呼我应"平台，通过打通企业综合服务平台与其他数字应用，建立涉企问题主动发现机制，整合打通"12345"服务热线、亲清半月谈、政企沟通圆桌例会、企业社区化网格化服务机制，将企业问题诉求统一纳入"问题池"，构建"全量问题库"，形成具有普遍性、长远性、规律性的企业共性问题清单，实现涉企服务事项"一个口子"受理、流转、督办、反馈。另一方面，围绕产业链上中下游的关键企业和关键环节，分析绘制产业链图谱，找准产业发展堵点和企业核心需求，构建数据可视化平台，将政务服务过程中的关键指标、趋势变化等以图表、地图等形式直观展示，帮助政府快速了解服务现状，揭示潜在问题和机遇，优化服务策略，为政府提供精准决策支持。

（二）优化提升服务流程

服务流程的优化往往伴随着服务标准的提升和服务方式的创新，是政府治理现代化的重要体现，通过引入智能化服务手段、加强服务过程监控等措施，可以确保服务质量的稳定性和可靠性。

其一，依托数字应用提升服务反应效率。在数字应用的推动下，不断优化提升政务服务流程，实现服务事项的自动化处理和自助办理，不仅大幅缩短了服务时间、提高了服务效率，还减轻了企业负担、提升了服务体验。一方面，为支撑"企呼我应"工作机制高效运转，基于已运行三年的"云上社区"系统，迭代升级为"多入口、易互动、简流程、可视化、智能化"的"企呼我应"平台，实现问题、建议直达反映，办理进度公开透明。另一方面，强化智能化、自动化服务系统。如将省"民营经济32条"拆解纳入市"政企通"服务平台。系统可依托平台存量数据和部门动态关联数据，为企业进行"政策体检"，自动匹配适合政策，实现政策"免申即享"或"即申即享"，为企业推送申报入口或直接快速兑现，大大缩短了审批时间，提高了政策兑现效率。

其二，构建全流程立体量化的评价体系。在问题处置工作中引入"好差评"标准，实行企业评价、基层评价、第三方评价相结合的综合服务评价，鼓励企业对服务过程进行客观评价，及时发现并纠正服务中存在的问题。同时，还建立了问题整改和反馈机制，对评价中反映的问题进行认真梳理和分析，制定针对性的整改措施，并跟踪整改落实情况。围绕问题处置的按时办结率、解决率、满意率、重复投诉率等指标，建立企业服务指数，定期形成分析报告，晾晒服务情况，并加强结果分析，查找企业服务薄弱环节，进而优化流程、创新服务。

不仅如此，基于数据共享平台，主管部门还可以积极推动多部门共同监管，通过建立健全跨部门协作机制，实现服务事项的并联审批、联合办理和协同监管。

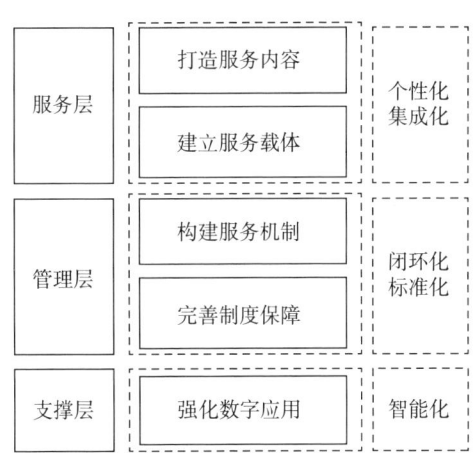

图3-1 衢州市政务服务增值化改革的整体架构与主要举措

第四节 政务服务增值化改革的推进步骤

近年来，中国政府高度重视优化营商环境，国务院发布了多项指导意见，旨在提高政务服务质量和效率，增强企业和民众的满意度。浙江省积极响应国家号召，将政务服务增值化改革作为优化营商环境的重点工作之一。2023 年 4 月 17 日，时任浙江省委书记在全省营商环境优化提升"一号改革工程"大会上强调，要加快从便捷服务到增值服务的全面升级，增强政府服务力。① 2023 年 6 月，浙江省正式启动了政务服务增值化改革试点项目，印发《关于开展政务服务增值化改革试点的指导意见》，在衢州等 7 个城市先行先试。

作为试点城市，衢州市在政务服务领域有着丰富的经验和良好的基础。作为"最多跑一次"改革的策源地，衢州市持续深化改革，强调要通过"一窗受理、集成服务"的模式，实现群众和企业到政府办事"进一个门、取一个号、跑一个窗、办一件事"，从而简化审批流程，提高办事效率。② 同时，衢州市还不断推进政府数字化转型，通过浙江政务服务网实现信息资源共享和业务协同，进而推动"无证明办事之城"和"掌上办事之城"建设，优化营商环境，吸引了大量外来投资者，连续两年被国家发展改革委列为全国标杆城市，营商环境持续走在前列。③ 此外，还通过政务公开与政务服务融合集成，以政务公开的内容增值、方式增值和成效增值，全面助力政务服务增值化改革。

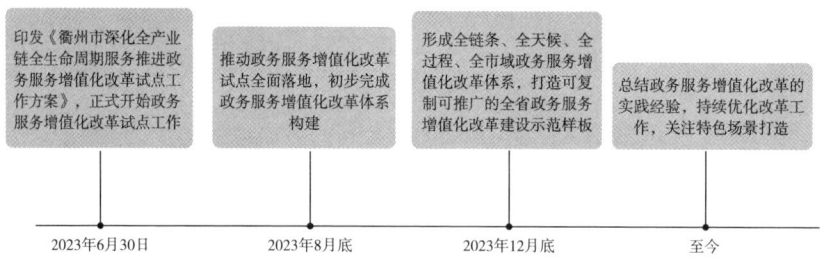

图 3 - 2　衢州市政务服务增值化改革的推进步骤

---

① 易炼红：《永不满足勇立潮头全面打造一流营商环境升级版》，《政策瞭望》2023 年第 5 期。

② 陈东升、甘睿、应莹：《衢州护航法治化营商环境建设助力企业发展》，《法治日报》2023 年 10 月 13 日。

③ 汤飞帆：《政府工作报告》，《衢州日报》2021 年 3 月 1 日。

衢州市政务服务增值化改革的推进，是在浙江省委、省政府的谋划部署与实施背景下逐步展开的，通过明确目标、落地试点、体系构建、成效评估和持续优化等阶段性工作，不断推动政务服务向精准化、个性化、高效化方向发展。实际推进步骤按照时间线可划分为以下四个阶段。

一、正式启动与研究部署（2023 年 6 月底）

衢州市积极响应省委、省政府的号召，于 2023 年 6 月底正式启动了政务服务增值化改革工作。在这一阶段，衢州市政务服务增值化改革工作正式拉开帷幕，主要围绕以下几个方面展开：一是明确改革目标。深入贯彻浙江省关于政务服务增值化的总体要求，全面承接"五个一"政务服务增值化改革试点工作，并结合衢州市实际情况，明确改革的具体目标，即以"降低成本、增加收益、强化功能、赋能发展"为目标，着力解决产业发展、企业成长的突出问题。二是强化责任分工。要求市级各部门要树立一盘棋的观念，充分认识改革的重要意义，各司其职、密切配合；市营商环境优化提升"一号改革工程"领导小组负责试点的统筹、协调和指导，有关部门要根据改革的目标和任务做好职责范围内的各项工作。三是开展研究部署。根据试点任务与改革目标，制定科学合理的改革方案，印发《衢州市深化全产业链全生命周期服务推进政务服务增值化改革试点工作方案》，明确各部门、各县（市、区）的具体任务及时间节点，推动试点任务贯彻落实。

二、落地试点与体系构建（2023 年 6 月底至 8 月底）

按照实施方案，衢州市逐步推进各项改革措施，确保改革有序进行。本阶段任务主要是聚焦全产业链全生命周期服务，推动"一中心"升级，公布增值服务清单，完成政企通平台迭代，首批"一类事"改革取得成果，推动政务服务增值化改革试点全面落地，初步完成政务服务增值化改革体系构建。

基于全省"五个一"试点工作部署要求，围绕全产业链全生命周期服务，衢州市构建了"12345 转 8"全过程集成式增值服务体系。一方面，建立市本级、园区、企业社区三级快速联动服务机制，发挥企业综合服务中心指挥调度作用，协同产业链专班、专业服务小分队、本级各部门及社会资源，紧盯企业诉求和项目全过程管理，围绕服务关键环节，建立健全服务机制。另一方面，围绕企业全生命周期发展需求，在政企通平台全面上架涉企增值服务，并结合企业画像标签，实现企业全生命周期精准服务，同步围绕产业链服务需求，整合产业链服务资源，细分各产业链对应的服务供给。并在改革过程中持续梳理"四张清单"，梳理六大产业链发展中遇到的痛点堵点难点，划分八大业务板块，加快分级分类解决企业发展难题。

三、完善体系与成效评估（2023 年 8 月底至 12 月底）

此阶段重点在于政务服务体系的评估与完善，要求提升服务效能，增强企业获得感，形成全链条、全天候、全过程、全市域政务服务增值化改革体系，总结地方经验，打造可复制、可推广的全省政务服务增值化改革建设示范样板。衢州市根据试点运行情况，及时总结经验教训，对服务流程、系统平台、人员配置等方面进行全面梳理和优化，确保政务服务体系更加完善、高效。同时，对改革成效进行全面评估，包括企业综合服务中心的建设情况、涉企问题收集解决程度、企业对增值化改革知晓度、各县市区工作推进力度、各地学习借鉴试点地区经验做法情况等方面，针对评估中发现的问题和不足，制定整改措施，完善相关配套与工作机制，明确整改责任人和时限，确保问题得到有效解决。

四、持续优化与特色打造（2023 年 12 月底至今）

2023 年 12 月底至今，衢州市持续总结改革经验与存在短板，优化提升改革工作，关注特色场景打造，围绕地方主导产业谋划特色场景，积极谋划县域模板，政务服务增值化改革进入常态化、长效化发展阶段。一方面，持续优化服务。根据社会发展需求和服务对象反馈，不断对政务服务体系进行动态调整和优化，确保服务始终贴近服务对象，同时根据调研考察发现的共性问题，进行整改提升，保障服务水平。另一方面，关注特色品牌打造。结合各县（市、区）文化和产业特色，打造具有地方特色的政务服务品牌，提升衢州政务服务的知名度和影响力，重点围绕地方主导产业和特色产业，打造形成定制化、套餐式的涉企服务"一类事"场景，针对产业实际需要，整合有关部门资源，为企业提供全产业链的增值服务，为产业链高质量发展赋能。此外，还注重改革的经验总结与推广，形成可复制、可推广的"衢州模式"，为其他地区提供借鉴和参考，通过县域模板的示范引领作用，推动政务服务增值化改革在更大范围内取得实效。

通过对衢州政务服务增值化改革主要内容的全面剖析，可以看到，政务服务增值化改革是一场深刻而系统的变革，它不仅涉及政务服务流程的再造，还触及政府治理理念、服务模式乃至技术应用的全方位升级。衢州市坚持聚焦服务需求、多元协同、数字赋能和持续发展的基本原则，构建了一个涵盖服务层、管理层、支撑层的整体架构，通过"价值需求－制度创新－数字赋能"三方面的共同驱动，持续推进政务服务增值化改革。

首先，衢州政务服务增值化改革以服务对象需求为导向。通过梳理涉企服务事项，提前研判政务服务中的薄弱环节，精准定位企业需求，解决传统服务供给中的"供非所需""供不应需"问题。通过针对企业不同所有制、不同规模、不同行业的特点，实施精准施策，加强"一类事"场景建设，强化了政策统筹与衔接，促进了在政务服务中，政府与企业之间的良性互动，从而共同创造服务价值。在政务服务事项梳理与构建的基础上，进一步整合相关资源，建立线上线下相结合的服务载体，方便企业随时随地获取政务服务，实现服务渠道的无缝对接，提升服务体验。

其次，改革打破了部门壁垒，建立跨部门协作机制。打破部门壁垒，推动跨部门协作，实现政务服务事项的并联审批、信息共享和流程优化，确保服务事项的无缝衔接，提高政务服务事项的办理效率。过程中注重以制度建设为抓手，通过建立工作推进实施方案、完善相关立法，明确并保障了有关部门的职责和权限，建立清晰的责任体系，确保政务服务事项的高效办理和有效监管。

最后，通过数字化手段，对政务服务流程进行变革性重塑，实现服务流程的简化、优化和标准化。政府运用大数据和人工智能技术，可以对政务服务数据进行深度挖掘和分析，从而为政策制定和服务优化提供科学依据。同时，为线上线下业务的深度融合，以及对项目执行、信息公开等情况进行动态核查和监管等工作提供有力支撑。

综合而言，通过一系列创新举措，衢州政务服务在提升行政效能、激发市场活力、推动经济社会高质量发展方面取得了显著成效。同时，通过明确目标、试点先行、体系构建、成效评估和持续优化等步骤，衢州政务服务增值化改革正稳步向前推进，不断向精准化、个性化、高效化、闭环化、智能化的目标迈进。这一系列改革实践不仅为衢州的企业与产业发展带来了实实在在的便利，也为全国政务服务改革提供了宝贵经验和示范样本。

第四章

衢州政务服务增值化改革的典型案例

第一节 "企呼我应"工作机制：推动涉企问题高效闭环解决

"企呼我应"涉企问题高效闭环处置机制是以政务服务增值化改革理念为指导，迭代既有涉企服务机制，而形成的一项具有里程碑意义的涉企服务机制。"企呼我应"的实质是企业出题、政府答题。涉企问题的解决水平是衡量一个地方营商环境水平的重要标准。将涉企问题高效闭环解决机制作为营商环境工作要点，健全企业诉求问题主动发现、高效处置、举一反三等机制，形成工作闭环、责任闭环，为企业发展提供了重大机遇和广阔舞台，也为持续擦亮衢州营商环境金名片找到了新的赛道。

一、改革背景

（一）破解难题

浙江一直是改革的先行者，自 2014 年"四张清单一张网"改革到 2016 年 12 月首次提出实施"最多跑一次"改革，再到 2021 年数字化改革，已经形成了一批改革成果，在各领域已经打造了一批涉企服务应用，既方便了企业办事，也为企业决策分析、运营管理等提供了支持。随着改革的进一步深入，咨询、协同机制不完善、信息共享不畅、数据利用不充分等问题也逐渐显露。同时，民营企业发展中不同程度存在的"不能投""不敢投""不愿投""玻璃门""旋转门""卷帘门"等问题，也迫切需要从体制机制层面推出治本之策。

1. 企业咨询渠道缺乏统筹

数字时代，政务服务不断优化，企业咨询入口全面铺开，分布在电脑端网络门户、移动端政务应用、小程序、政务服务大厅、事务受理中心、综合窗口，以及市民服务热线等渠道，如衢州市收集企业诉求的渠道包括"好差评"系统、"12345"平台、投诉举报信箱、驻企联络员、政企恳谈会、基层治理四平台等。多渠道收集破解了"门难找"难题，但也导致各区块在收集问题中"各自为政"、企业重复反映诉求、所收集问题同质化严重等问题的出现。此外，企业咨询的问题往往涉及多个部门，咨询渠道缺乏有效整合，诉求收集反馈流程割裂，也会影响各部门闭环解决企业问题的能力与效率。因此，亟待建立"一个口子"汇总和梳理涉企问题的平台载体。

2. 政务数据缺乏共享途径

由于组织战略、架构设置、数字化建设等原因，海量政务数据分散存储在组织的各个部门、业务系统、应用之中，彼此之间难以实现互联互通、共享利用。例如，在中央 38 个部门的 80 多个政务专网中，横向交互率仅有 0.1%，基本上是信息孤岛①。数据的分散存储、统一归口的缺失，加大了对数据进行进一步分析和挖掘的难度，数据整体使用和应用效率降低，难以实现从数据流向业务流的转变。深化政务服务增值化改革，亟须探索建立能够支撑政务数据跨层级、跨部门、跨地区、跨系统、跨业务融合对接、共享共用的平台及机制。

3. 协同机制不够完善

涉企服务的机构、职能、资源较为分散，"一窗通办""一网通办"改革，在不触动科层制政府后台部门设置和职能分工的条件下，完成了线上线下受理入口的整合，形成了"前台统一受理、后台分工审批"的便捷服务模式。随着市场发展，市场经营主体对良好营商环境的需求更加迫切、

---

① 翟云：《中国大数据治理模式创新及其发展路径研究》，《电子政务》2018 年第 8 期。

更为强烈，且呈现多样性、个性化趋势。许多企业反映，目前对办事便利化满意度比较高，但更希望政府能够帮助解决各种诉求，提供中介、金融、人才、科技、法律等发展急需的专业服务。在现有便捷服务模式下，在政府提供专业化和个性化服务过程中，企业和群众依然面临与后台不同职能部门打交道的情况，服务碎片化问题突出。同时，后台部门在解决专业性强、疑难复杂问题时，往往出现部门推诿扯皮、牵头部门"独秀"、办事效率低下等问题，惠企政策服务的"最后一公里"难以打通。

（二）机制建立

2023年4月，浙江省委召开全省营商环境优化提升"一号改革工程"大会，明确提出要加快从便捷服务到增值服务的全面升级。政务服务增值化改革应运而生。2023年10月，浙江省政务服务增值化改革现场推进会在衢州召开。2023年12月1日，时任浙江省委书记在省委深改委会议上强调："要把高效闭环解决涉企问题作为政务服务增值化改革的核心任务。"衢州市委、市政府高度重视高效解决企业的诉求和问题，根据省委顶层设计，市委书记部署建立"企呼我应"涉企问题高效闭环处置机制，明确"政府服务无处不在、无事不扰，企业诉求有求必应、随手可得"目标。

回顾机制建立过程，衢州市一是依托企业综合服务中心政府侧、社会侧、企业侧服务资源，积极推动管理体制重构、运行机制创新、工作制度完善，迭代"专班、专窗、专线、专员、专门机制"的"五专"服务体系，统筹企业社区化网格化服务、"清障"疑难问题协调会等既有服务机制，推进涉企服务机制创新。二是联合纪委监委深化营商环境"清障"行动，重点扫除政策兑现、经济秩序、执法监管、政务服务、服务企业机制、队伍作风六个方面的顽瘴痼疾，实现企业从"不敢讲"到"主动讲"、政府部门从"没问题"到"找问题"、问题整改从"点对点"解决到"系统化"完善机制三个转变，整治了一批顽瘴痼疾，处分了一批"庸、懒、散、慢、推、拖"干部，形成了一批管用实用的长效机制。三是依托"政企通"将运行 3 年的衢州市驻企服务系统（"云上社区"）迭代为"企呼我应"平台，围绕"方便找、易登入、好操作"不断优化交互体验，推出"浙里办""企业码""通衢问政"等多个端口，以"一体管控、一体受理、一体处置、一体支撑、一体贯通""五个一"整合"12345 转 8"和各区块涉企服务系统，使"企呼我应"平台成为全市涉企服务总客服、总调度。既有服务机制的创新、顽瘴痼疾的扫除、长效机制的建立、数字平台的迭代升级，为破解问题收集碎片化、涉企信息不对称、解决流程不闭环等难题，实现"无事不扰、有事必应"，企业问题诉求"件件有着落、事事有回应"打下坚实基础。

二、主要做法与成效

2023 年 12 月 6 日，衢州市举行"企呼我应"平台启动仪式暨新闻发布会，在全省率先推出"企呼我应"平台。2023 年 12 月 20 日，衢州市委办、市府办印发《关于建立衢州市"企呼我应"涉企问题高效闭环处置机制的实施方案》的通知，全市域、全过程、全方位的"企呼我应"涉企问题高效闭环处置机制正式建立。衢州市营商办统计，截至 2024 年 9 月，"企呼我应"平台累计为企业解决合理诉求 8561 件，其中 2024 年共受理企业问题数 2511 件，企业合理诉求平均办理时长由原来的 3.29 天，缩减为现在的 1.96 天，合理诉求一次性化解率达到 99.62%，企业满意率超过99.86%。"企呼我应"涉企问题高效闭环处置机制落地落细，有效解决了一批涉企问题、涉企难题，其主要做法可以概括为"统、分、化、评"四个字。

（一）统

依托市企业综合服务中心打造市级"中台"，作为全市涉企服务"总客服"，畅通线上线下问题收集渠道，全地域、全过程、全方位发现企业问题,并将问题、诉求统一纳入问题池,以破解涉企问题多头收集、"各自为政",反映问题碎片化、重复性高、同质化严重等难题。

1. 统筹问题归集渠道

基于已运行 3 年的"云上社区"系统,依托"政企通",开发"企呼我应"数字化应用作为服务企业"总后台",并不断迭代升级,实现平台"多入口、易互动、简流程、可视化、智能化"。与"民呼我为"、基层治理四平台等系统形成互联互通,各类市场主体、广大群众可通过"浙里办"、支付宝的"衢州政企通"、市营商办微信公众号、企业码微信小程序、三衢客户端等找到"企呼我应"服务入口,实现线上入口多端透出、涉企问题线上"一网反馈"、办理进度公开透明。做强"12345 转 8"营商环境热线,接入企业综合服务中心,推动诉求"一号应答"。同时,针对线下渠道,依托各级企业综合服务中心,推动线下"一门受理"。

2. 统管问题发现机制

进一步优化问题主动发现渠道,让企业有感,化被动为主动。一是常态化通过企业社区化网格化服务、营商环境"清障"行动等渠道面向企业征询问题。二是开展面向人大代表、政协委员、商会协会等特定对象的问题征询活动。三是找准着力点,结合"五链"融合机制,由产业链牵头单位收集产业链发展问题,结合不同产业发展实际需求,推出更加精准的服务套餐,有针对性地集成补链强链延链举措。四是推进企业专属空间等数据分析以获取问题线索。五是跟踪收集支持民营经济高质量发展政策落地相关问题,推动政策落地落实。六是通过亲清半月谈、亲清圆桌会、亲清直通车等"亲清"系列政企沟通机制,与企业面对面交流收集问题。七是做好市领导走访、调研、服务等途径收集问题的交办承接。

3. 统一构建全量问题池

建立涉企问题统一管理机制,构建全市域全量企业服务问题池,纳入各渠道收集的问题,依托数字技术,经过去重、合并、算法智能抓取等方式,根据问题类别、层级、难易程度等分别建立问题标签,基于"企呼我应"数字化应用，推动数字化记录、可视化管控、闭环化管理。

（二）分

建立涉企问题分级、分类、分层解决机制，推动受理、交办、处置、反馈、办结等全过程闭环管理，确保问题处置公开、透明、可预期，推动疑难复杂问题解决到位。

1. 完善交办机制

推进分级办理，根据问题领域、办理权限、资源需求，按照问题就近高效处置原则，分别由市级、县级（区块）、乡级（企业社区）承办解决，需要省级层面解决的问题由市级"中台"提交省级专班。完善分类交办，根据职责权限，涉及企业综合服务中心服务事项的问题交办相应服务板块处置，产业链的共性问题交办相应产业链牵头单位处置，其他个性问题交办相应市级部门处置；推行分层处置，依托市政府破难题推进机制，由市营商环境工作专班根据问题疑难复杂程度打标签，疑难复杂问题逐级由企业综合服务中心，市委、市政府分管副秘书长，市委、市政府分管领导，市委、市政府主要领导协调、研究解决。为企业重大紧急问题开辟绿色通道，重大紧急问题可直接报请市委、市政府研究决策，并将需要特别关注的问题纳入"七张问题清单"。

2. 加强限时办理

对企业反映的问题，明确受理时限、办理时限、反馈时限、办结标准、质量规范等工作流程，凡符合法律法规和政策规定、具备解决条件的简单问题，要求立办、快办；因条件限制暂时无法解决的，列入计划、排出时间表，创造条件全力解决；对不符合规定的，做好解释工作，取得企业理解。建立"135"限时办结机制，即确保简单问题在 1 个工作日内办结、一般问题在 3 个工作日内协调解决、复杂问题在 5 个工作日内解决或提出解决方案。对于未按时办理的问题，由市级"中台"进行跟踪督办。

3. 推进纪检联动

纪检监察组织对涉企问题处置进行全过程监督。企业反映问题通过"企呼我应"数字运用平台纳入全量问题池，由相关职能部门领办承办，同时启动纪检监督"双闭环"机制，信息同步发送给承办单位相对应的纪检监察组织，由其采用"室组地"联动方式，统筹协调督促抓好诉求受理反馈工作，跟进办理进度。对于部门处置不力的情况，纪检监察组织及时进行跟进监督，对推诿扯皮、敷衍塞责、懒政怠政、吃拿卡要、权力寻租、不正当干预等影响营商环境的行为，依纪依法进行追责问责。同时，针对不满意件、超期未结件、二次交办件组织开展重点核查或复盘剖析。

（三）化

聚焦企业呼声高、共识性强、代表性强的问题，通过将问题转化为服务判例、改革任务、"为企办实事"项目等方式，将解决企业个案问题的经验做法转化为改革举措、长效机制，进而由点及面完善体制机制，推动涉企服务从政府供给导向向企业需求导向转变。

1. 生成服务判例

加强问题处置中的创新先进经验做法总结，梳理剖析高发性、复杂性问题的成功解决案例，量化细化解决路径，形成典型服务判例，为同类型问题快速解决提供参考。例如，针对浙江永坚实业有限公司反映的因开竣工逾期事实认定问题导致项目无法验收的问题，江山市政府分管领导牵头，组织江山市经济开发区、资规局对存在开竣工历史遗留问题的企业进行摸排，同时规范明晰开竣工逾期认定相关程序及各项职责，以点带面，帮助 15 家企业解决相关历史遗留问题。

2. 输出改革清单

针对常规协调机制无法解决但直接影响企业发展甚至关系全市经济社会发展的堵点难点问题，梳理形成改革任务清单，推动职能部门针对性谋划改革举措破解难题，由点及面，将单个问题解决做法固化为服务事项或者工作机制。例如，开化县建立"嵌入式驿站＋兜底"服务机制破解重点企业发展困境，同时举一反三，复制"卡游在开化"服务驿站模式，建立卡牌、糖醇、有机硅、光伏、密胺、茶产业六大产业链服务驿站，首席专员承担包保责任，探索"一事三办"服务延伸工作法，梳理产业链"一类事"服务清单，超前解决重点企业高质量发展中的潜在堵点，助推产业发展。

3. 纳入"为企办实事"项目

从问题池中选出企业"最揪心、最烦心、最关心"的事项，提交专家团评审后纳入衢州市"为企办实事"项目清单，通过"政府办""人大督"的形式，推动推进项目落地和建设。如 2023 年，通过征询确定"准入准营'一类事'办理""工业邻里中心"等 15 个"为企办实事"项目，并全部推进实施。

（四）评

构建服务企业全流程立体量化评价体系，加强结果晾晒比拼、分析应用，实现企业问题处置具象化，并将评价结果充分运用于考核激励，进而优化流程、创新服务。

1. 加强评价回访

在涉企问题处置工作中引入"好差评"体系，推行"一事一评"。问题处置结束后，一是由企业对牵头服务主体进行评价，以获得企业群众办事真实感受和诉求。二是由基层对上级服务情况进行评价，以便推动各级职能部门履职尽责。三是有针对性地组织第三方开展阶段性评价，以保障评议客观公正公平。四是实行回访制度，按比例通过"电话＋现场"相结合的形式对企业进行回访。对于企业评价为"差评"的服务事项，研判后反馈给责任主体并督促限期整改落实，综合运用"好差评"体系，有针对性地改进工作作风，提升服务效能。

2. 建立指数体系

以企业评价为主、基层和第三方评价为辅，围绕涉企问题处置的按时办结率、解决率、满意率、重复投诉率等指标，形成全市服务企业指数，定期形成分析报告，阶段性汇总企业服务情况、梳理企业热点难点问题诉求，有力推动为企服务落地见效。

3. 推进工作晾晒

定期晾晒各区块、各部门企业服务指数及回访、评价等具体情况，帮助各区块、各部门对整体工作情况做到全面了解。每季度形成一批正反面服务典型，通过市委和市政府十条军规、企业服务专报、公众媒体等形式予以通报、曝光。以正面案例为引领，强化各区块、部门优化营商环境的责任感和使命感，促进优秀成果转化运用。以负面案例为镜鉴，推动各区块、部门自省自警，牢固树立窗口意识、效率意识、服务意识和形象意识，推动营商环境长效持续优化。

4. 加强结果分析

依托指数评价分析，推动涉企问题处置的关口前移，查找服务企业优化、效能提升的薄弱环节，为优化流程、创新服务等提供参考。对苗头性、典型性、集中性问题提前研判，力争在成诉前靶向施策，提前化解问题矛盾，推动"未诉先办"。

三、经验启示

（一）树立用户思维　优化服务供给

政务服务是政府回应社会诉求的现实体现，其供给水平、效率、质量关乎政府治理效能，关乎企业和群众的获得感。传统的政务服务过程通常以部门为中心，在政务服务的供给上，遵循"控制－服务"模式，政府提供服务的内容、数量和方式都由政府部门和行政官员决定，更多考虑实际操作的可控性和管理的便捷性[①]，例如，所提供的政务服务往往以政府工

---

① 王敬波：《面向整体政府的改革与行政主体理论的重塑》，《中国社会科学》2020 年第7 期。

作人员的经验为导向，倾向投入解决经验与能力范围内易于解决的问题，而不愿投入解决相对复杂、易诱发连锁反应、涉及多部门协作的问题。传统的政务服务在治理方法和治理范围上缺乏系统性和全局性，但服务对象只能消极、被动地接受。

政务服务改革经过多年发展，已经迈入一体化协同服务的阶段，政府服务模式实现转型，政府的运作以公众需求为核心，服务供给从"我为公众做什么"转为"公众需要我做什么"，服务流程不再局限于各个环节的简单排序、顺承，而是强调每个服务环节相互协调、步调一致，形成一个整体性的运行流程。

"企呼我应"涉企问题高效闭环处置机制的建立过程中，用户思维一以贯之。在服务过程中，政府部门将企业当作用户，在价值判断层面驱动政府思维向企业视角转变，真正把企业看作服务对象而不是管理对象。在服务理念上，坚持"服务为先"，树立主动服务意识，从"要我服务"变为"我要服务"，如常态化开展亲清半月谈等活动，主动收集企业诉求建议，面向人大代表、政协委员、商会协会等，征询相关问题，结合"五链"融合机制，由产业链牵头单位收集产业发展问题等，充分发挥政府在服务过程中的主观能动性。在服务范围上，通过线上线下多渠道、多入口、简流程收集企业诉求，实现全地域、全过程、全方位发现企业问题，力求"政府服务无处不在、无事不扰，企业诉求有求必应、随手可得"。目前，企业诉求可通过 16 个渠道汇集到"企呼我应"后台。在服务层次上，"企呼我应"机制下，政务服务不再局限于满足企业证照办理等基本需求，而是扩面延链，向人才、金融、科创等深层次服务领域拓展，提供综合集成服务，并通过智能化手段，运用大数据、人工智能等新技术，预判挖掘企业潜在需求。在服务力度上，通过精准对接企业需求，建立"一企一册"，提供定制化、衍生式的服务，赋能产业链，助力企业全周期、产业全链条发展，使涉企服务更具价值。在服务评价上，坚持服务的好坏由用户来评断，由企业对牵头服务主体进行评价，实行企业评价、基层评价、第三方评价相结合的综合服务评价机制，通过企业群众办事真实感受和诉求倒逼部门提升服务水平和效能，以用户"好差评"助推政务服务水平再优化再提升。

（二）强化数字支撑 推动高效协同

"四张清单一张网"以"互联网＋政务"模式，将权力清单及政务服务搬上数字网络，并简化公共服务流程。"最多跑一次"改革以"一窗受理、集成服务"为抓手，推动各业务系统与"一窗受理"平台全面对接，形成线上线下融合的政务服务体系。"企呼我应"通过系统性地整合政府内部资源、市场力量及社会各界参与力量，构建起跨层级、跨部门、跨地区、跨系统、跨领域的协同作战体系，可以说"一站式"政府服务理念贯彻政务服务改革层层深入、步步推进的全过程。

涉企服务事项分散于工信、发改、科技、市监、人社、金融等多个部门，且涉企政策往往涉及面广、服务内容量大。在传统的政务服务模式中，部门林立，职能部门各司其职，实行条块分割管理，垂直部门与地方政府之间、各地方政府之间、政府各部门之间、行政业务之间相对独立，处于离散状态[①]，难以避免出现职责交叉、多头管理、流程不畅等问题。在处理涉企问题时，"多头对接"、重复投入、单打独斗、各自为政现象长期存在，不同部门之间政策信息也难以实现共享造成信息壁垒，种种问题导致涉企政务服务整体效率低下，严重影响企业获得感。以数字化手段实现政府内部的高效协同，进而提升整体行政效率和服务质量成为重点和必然要求。

"企呼我应"机制的建立，以一体化的数字化平台为支撑，不仅为政务机构内部的联动、协同提供了便利，而且为企业、社会组织、公众等多元主体共同参与沟通协作，提供了无缝隙、敏捷化、安全性的数字通道。

---

① 陈高才、王帆：《跨部门协作视角下的国家审计研究》，《财会月刊》2023 年第 20 期。

一是提升政务信息流动效率，优化内部资源配置。通过设立市级企业综合服务中心作为"总客服"，统一协调、统筹管理全市涉企服务工作，实现了问题受理与责任单位的高效匹配。各级政府部门、产业链专班、专业服务小分队等力量被有效整合，上下联动、左右协同的工作格局使涉企问题实现就近办理、涉企服务得以就近提供。"135"限时办结机制，确保企业问题能够迅速响应、精准处置。二是以制度为保障，建立健全跨部门合作机制。印发《关于建立衢州市"企呼我应"涉企问题高效闭环处置机制的实施方案》，明确职责分工、优化工作流程、加强信息共享，推动各部门之间形成无缝对接和紧密配合，打破了跨部门合作壁垒。通过建立"双闭环"工作机制，使纪检监察组织加强对跨部门协作全过程的监督与评估，及时发现并解决问题，确保合作机制的持续有效运行。三是畅通"上下合力"的运行体系。通过分级办理、分类交办、分层处置的工作机制，涉企政务服务不再仅仅局限于某一层级的职能部门，不同层级政府部门之间可通过"上下"协作，以保证政令畅通、顶层设计与下层实施相匹配，如疑难复杂问题可由市委、市政府分管副秘书长，市委、市政府分管领导，市委、市政府主要领导协调、研究解决。需要省级层面解决的问题由市级"中台"提交省级专班，使省级涉企服务能够下沉县（市、区）层面服务对象、赋能地方政务服务。

以数字为支撑，以协同为重点，"企呼我应"机制的建立，使衢州市政务服务增值化系统形成了纵向贯通、横向联动的整体格局。通过一系列制度的制定、一批长效机制的建立、一套全面细致的服务流程，以及对服务供给的评价监督等，政府治理趋于整体化，解决了碎片化的治理问题，全面提升了政务服务效能和水平。

（三）落实纪检监督　实现服务闭环

营商环境是一个地方政治生态、社会生态的综合反映。涉企问题的高效闭环解决离不开纪检监察机关的保驾护航。"企呼我应"机制使监督体系与治理体系实现对接，使正风肃纪反腐与深化改革、完善制度、促进治理、推动发展得以贯通，通过强有力的纪检监督机制保障营商环境优化提升取得实绩，构建起亲而有度、清而有为、亲上加清的新型政商关系。

一是要全口径闭环收集问题线索。全口径闭环收集问题线索是打通营商环境"中梗阻"的关键。通过"企呼我应"平台节点，市、县（市、区）纪检监察组织得以第一时间获悉企业诉求，纪检监察机关得以把优化营商环境纳入日常监督重点，并能够迅速找准监督切入点、着力点。例如，衢州市开化县纪委监委成立"清风助企"专项督查组，通过实地督导、圆桌会商、张贴监督服务卡等方式，对全县102家重点企业进行走访，构建"常态监督、督促整改、随机回访"闭环监督模式，常态化摸排在"企呼我应"机制下，企业主的问题诉求是否得到有效解决等情况，着力解决涉企服务中存在的政策兑现不力、干部作风不正等形式主义、官僚主义问题，打通政策梗阻。

二是要全流程闭环督促问题整改。建立问题台账、交办督办、验收销号等工作机制，细化问题整改责任、量化问题整改标准、明确问题解决期限，并联合营商办开展全流程"闭环"监督，强化对企业诉求办理全过程的持续跟踪问效。事前提前介入，根据诉求内容进行动态分析研判，对其办理过程中可能存在的苗头性、倾向性问题，采取谈话提醒、平台督办。事中强化监督，推动问题限时办结，推动问题整改"清仓见底"。事后跟踪问效，共享共用监督成果。截至2024年8月，衢州市纪检监察机构跟进处置涉企问题532个，工作启动以来，企业合理诉求平均办理时长由原来的3.29天，缩减为现在的1.96天，降幅达40.42%，问题办理质效有效提升。

三是要全链条闭环问责追责。建立"一月一研判、一季一分析、一案一通报、一类一解决"的"四个一"工作机制。针对系统平台内不满意件、超期未结件、二次交办件，纪检监察组织开展重点核查，全面排查收集党员干部损害营商环境问题线索，跟进监督部门处置不力情况，对办理质效不高、相互推诿、敷衍塞责、亲清不分等损害营商环境的问题，及时纠处处置，实行全链条闭环问责。通过复盘剖析工作，推动从解决一件事向解决一类事转变。用好诉求解决和问题查办的优秀案例，发挥正面案例的激励和反面案例的警示震慑作用，着力纠治"清而不为"等问题。

第二节　企业综合服务中心：打造企业服务线下新场景

政务服务改革是提升行政效能的重要环节，更是改革为民的生动实践。党的二十届三中全会通过的《中共中央关于进一步全面深化改革、推进中国式现代化的决定》提出，"促进政务服务标准化、规范化、便利化"。政务服务增值化改革，衢州始终干在实处、走在前列、勇立潮头，以承接政务服务增值化改革试点为契机，紧扣企业全生命周期管理，紧密结合实际把握改革方向，打造"一站式"企业综合服务中心，持续优化营商环境，推动助企服务高效集成。

一、改革背景

衢州企业综合服务中心的成立并不是一蹴而就的。最初因群众的办事需求而成立行政服务中心，群众办事实现从"满城跑"到"进一扇门"的转变。后又经历"最多跑一次"改革，群众开始从"线下跑"转变为"线上办"。在经历新址搬迁、办公场地升级及对企服务增值化的改革，最终建成了如今服务衢州广大企业的中台枢纽，企业的需求能通过中心"一个口子"进行受理、流转、督办、反馈。

（一）规范权力阳光运行：成立行政服务中心

"门难进、事难办、脸难看"，曾是过往群众办事过程中的真实写照，烦琐的办事流程直接影响着百姓的获得感。习近平同志在浙江工作时，大力倡导机关效能建设。衢州市委、市政府为方便群众办事，改善投资环境，促进地方经济和社会发展，于 2002 年 4 月 9 日成立衢州市行政服务中心。

衢州市行政服务中心始建之初定位是市政府集中办理行政许可和相关服务事项的场所。建成使用后共有 30 个部门进驻，集中办理 323 项行政许可、相关服务事项。集中公开办理事项包括：市级权限范围内的基本建设、技术改造、房地产开发、外商投资等行政许可事项，企业注册登记和企业注册登记相关的前置审批事项，房地产登记抵押发证及其他证照，衢州市行政服务中心常驻部门行政职责范围内除上述事项以外的其他相关服务事项，受理各类投资政策及政府部门现行文件的咨询、查阅、释疑等事项。

衢州市行政服务中心在行政审批制度改革过程中产生并发展。衢州市招投标管理委员会办公室（以下简称"招管办"）和市招投标中心于 2006 年 1 月成立。市招管办设在市行政服务中心，主要承担市招管委日常工作，负责对全市招投标工作的指导、协调和对市招投标中心的监督、管理工作。2009 年，市公共资源市场化配置，"一办三中心"改革启动。衢州市行政审批制度改革领导小组办公室（以下简称"审改办"）于 2009 年 8 月由市发展改革委移转至市行政服务中心，主要承担市行政审批制度改革领导小组日常工作。同年 9 月，市公共资源市场化配置领导小组办公室成立。行政服务中心不再承担招管办职能。2010 年 1 月，市招投标中心更名为市公共资源交易中心，市区（包括衢江区、柯城区）财政性投资建设工程，市本级政府采购，公共资源交易，经营性土地使用权招标、拍卖、挂牌四大交易活动统一进市公共资源交易中心进行。

衢州市行政服务中心以群众满意为服务宗旨，遵循"便民、高效、廉洁、规范"的服务原则，创新行政许可运作模式，制定较为系统的运作流程和管理制度，努力做到"进一门办事，依规范办成，按承诺办结"。衢州市行政服务中心严格履行市委、市政府赋予的组织协调、监督管理和指导服务职能，着力把自身打造成衢州市开放形象、发展环境、优质服务、效能建设、公正廉洁、文明建设的窗口。

随着衢州市政府入住西区，以及城区向西发展，2012 年 3 月 26 日，衢州市行政服务中心也搬迁至西区新大楼办公，地处衢州市西区花园东大道 169 号，位于新市政府大楼北侧。

（二）刀刃向内自我革命："最多跑一次"改革

传统的政务服务模式普遍存在环节多、耗时长、材料烦琐等问题，与人民群众日益增长的便捷服务需求形成鲜明反差。2016 年底，"最多跑一次"改革在浙江首次被提出。"最多跑一次"应群众需求而生、为解决问题而变，改革的评判权也交到群众手中，"让实践来检验、让基层来评判、让群众来打分"，变自我评价为群众评价，变群众观望为群众参与，让群众成为改革的监督者、评判者、推动者。

衢州市先行先试，探索形成"一窗受理、集成服务"的改革模式。2018 年以来，衢州市推动政府数字化转型向更深层次挺进，打造"整体智治、唯实唯先"的现代政府，成为浙江全面深化改革的代名词和金字招牌。从"跑多次"到"最多跑一次"的变化不是简单的量变，其带来的是政府职能的深刻转变、权力运行方式的深刻变革和"互联网 + 政务服务"的深化运用，让"数据跑路"代替"群众跑腿"，极大地增强了群众的获得感和幸福感。

"最多跑一次"撬动了衢州各方面各领域的改革，在诸多方面取得重大实质性突破，显现出巨大的示范带动效应，引领形成全面深化改革发展的新优势。政务服务的进步与发展也在一定程度上见证了曾经的传统农业大市、工业起步筚路蓝缕的衢州发生翻天覆地的变化。2002 年，衢州市确立"工业立市"发展战略后，工业迎来持续快速发展期。2021 年起，确立"工业强市、产业兴市"战略，持续推进产业集群和企业动能培育，在"换道超车"中演绎了后发崛起的精彩。2002—2022 年，衢州地区生产总值实现新跃升，从 198.4 亿元提升到 2003.4 亿元，人均生产总值突破 1 万美元；城乡居民人均可支配收入年均分别增长 9.5%、11.5%，增幅连续10 年位居浙江全省前三。

（三）实现整体智治唯实唯先：成立企业综合服务中心

衢州曾连续 3 年在营商环境评价中位居全国地市前二，连续 2 年入选全国营商环境标杆城市，2023 年承接了省委改革办政务服务增值化改革试点任务。衢州市企业综合服务中心是改革试点的主战场。围绕省委、省政府营商环境优化提升"一号改革工程"决策部署，按照衢州市委、市政府打造四省边际中心城市和四省边际十个"桥头堡"目标要求，衢州市营商办在原政务服务中心的基础上，以服务功能最全、智能水平最高、线下体验最佳、营商环境最优"四最"为指引，系统优化提升政务、法治、市场、经济生态、人文"五大环境"，全力打造集政务服务、公共服务、便民服务及标准化研究实践于一体的四省边际企业综合服务中心。

企业综合服务中心依托政务服务中心 2022 年 10 月 8 日迁入的新址建立，大厅的功能布局齐全，一共启用 3 层，中心建筑面积约 4 万平方米。第一层，重点围绕涉企事项办理、公共服务及便民服务，主要有无差别受理、便民服务、数字化体验展示及 24 小时自助服务区。第二层，聚焦个人全生命周期事项办理，分布有不动产、人社医保、公积金、税务服务及审批服务后台区。第三层，围绕公安事项办理和后台技术支撑，主要是公安服务、涉外服务、政企通综合服务中心、数字技术保障中心及政务服务标准化实训基地。

在企业综合服务中心，新的政务服务场景不仅提供了一个高度集成化和智能化的服务平台，也为群众和企业提供全天候、全过程、全方位的 24小时"不打烊"政务服务，同时注重市民的生活品质和文化需求，创造了一个多功能、高效便捷的政务服务环境。

二、做法与成效

营商环境是一个地方综合竞争力的集中体现，从机关效能革命到"四张清单一张网"改革、从"最多跑一次"改革到数字化改革，衢州优化营商环境的步子一直没有停止过。2023 年，衢州改革再深化，大力实施营商环境优化提升"一号改革工程"，以政务服务增值化改革为牵引，成立企业综合服务中心，为企业提供"一站式"集成服务。

（一）企业综合服务中心机构改革

政务服务增值化改革以"五个一"任务为"四梁八柱"，其中，建立"一中心"即企业综合服务中心是核心任务，是其他"四个一"落地的载体，处于总抓地位。作为政务服务增值化改革的中台枢纽，企业综合服务中心需要做好涉企服务事项进驻、跨部门业务协同、线上平台运营管理、协调解决疑难问题、服务全程跟踪督办及涉企运行数据分析研判、涉企服务问题复评提升等工作，实现企业需求"一个口子"受理、流转、督办、反馈。

2023 年 7 月 13 日，衢州市委编办批复设立衢州市企业综合服务中心，并在原来政务服务中心、社会信用服务中心基础上进行了相应调整。中心聚焦企业和标志性产业发展的重大需求，提供全方位、"一站式"、集成化的全周期全链条服务，是全市涉企服务体系的中台枢纽。截至 2024 年 9 月，中心共配备人员 79 名，提供人才服务、科创服务、金融服务、知识产权服务、开放服务、投资项目全过程服务、法治服务等。

企业综合服务中心以市本级为核心，各个县（市、区）、智造新城建立相应的企业综合服务中心。其中，智造新城管委会还下设凤凰、白沙、盘龙等 5 个企业社区服务中心，覆盖不同的高新园区。此外，衢州正在推动中小企业服务中心融入企业综合服务中心，进一步整合各条线的涉企服务载体、服务资源，推动涉企服务事项跨部门协同联动，进一步巩固放大衢州营商环境体制机制方面优势（如图4-1所示）。

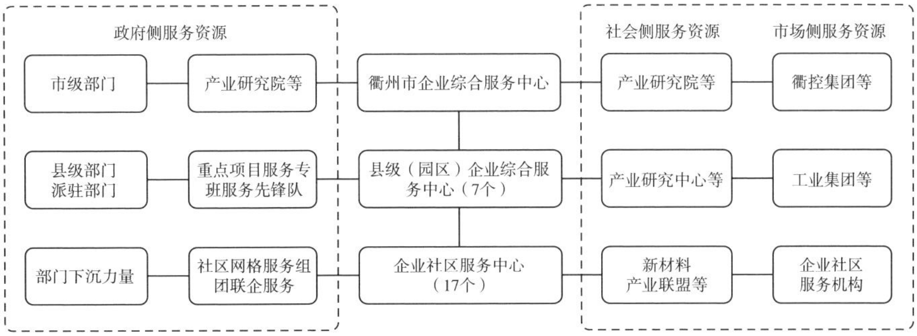

图4-1 衢州市企业综合服务中心组织架构

（二）优化设计理念，打造便民利企平台

衢州市企业综合服务中心大厅设计风格现代简约、温馨雅致，整体以白色为主基调，通过色块运用让办事群众快速定位目标区域。整体设计理念主要体现在三个方面：一是更加注重群众办事体验。李强总理全国两会答记者问时强调，"政府工作就是要贴近老百姓的实际感受去谋划、推进，真正做到民有所盼、政有所为"。结合"网办、掌办"普及，办事群众对线下人性化暖心服务体验要求更多、呼声更高，衢州市营商办紧扣规范化、便捷化、增值化，打造以政务服务为主、公共服务及便民服务为辅的企业综合服务中心，实现政策更集成、办事更便利、兑付更直接，切实增强群众获得感。二是更加突出开放包容内涵。创新提出"公共空间、辅助空间、复合空间"三位一体理念，让"共富空间站、政务中心、市民中心""一站两中心"充分融合，使之成为衢州城市品牌及新时代衢州人文精神的重要展示窗口。三是更加高效整合利用资源。在原有空间布局和设计基础上，进一步打破部门界限，整合各类资源和需求，统筹建好服务平台，聚合各类服务事项，推动政务服务从便捷服务向增值服务迭代升级，倾情开启"政务+"服务新视窗。

作为打造营商环境优化提升"一号改革工程"的主战场、展示政府形象的主窗口和便民利企的主平台，企业综合服务中心的总体目标有三个：一是打造泛在可及、触手可达、智慧便捷的政务服务升级版。以数字化改革为牵引，在导服、办理、管理等方面创新突破，实现企业群众办事有求必应、有事必达，打造更多具有衢州辨识度的政务服务改革成果，持续推动衢州改革经验对外输出。二是打造满足市民生活多样化和服务"一站式"体验需求的网红打卡地。着力优化提升"五大环境"，重点优化爽心、暖心、增值"三项服务"，高效满足企业群众办事需求，推出标志性产业链展示、政务服务直播、政企沟通服务、营商环境培训等服务专区，突出营商服务整体性、协同性、系统性，聚集更多功能与资源，让中心成为服务企业、服务群众的网红打卡地。三是打造面向全社会全领域开放包容的四省边际共同富裕空间站。企业综合服务中心"共富空间站"，致力打造衢州营商改革、共同富裕的微缩景观。聚焦"一老一小"，围绕安居乐业、敬老爱幼、乡村共富、法治文化等内容，面向市民持续推出全时段、全方位服务，助力打造四省边际共同富裕示范区。

（三）围绕"五个一"，优化企业综合服务中心

政务服务增值化改革是各地比拼营商环境的新赛道。衢州是浙江省政务服务增值化改革的全市域试点地区，自承接试点任务以来，认真落实省委、省政府决策部署，围绕"五个一"工作目标，明确主攻方向，聚焦关键节点，持续推动政务服务增值化改革向广度和深度进军，强化系统集成、统分结合、协同推进，更好地为新质生产力的发展壮大蓄势赋能，全力打造一流营商环境升级版，扎实做好企业综合服务中心建设工作。

一是以"企业有感、产业发展"为改革目标，坚持数字赋能、制度创新"两轮驱动"，推进政府侧、市场侧、社会侧三侧协同。推动市、县、乡三级多跨协同、联动作战，强化"五个一"重点任务支撑。按照全产业链全生命周期服务要求，制定改革试点工作方案及"五个一"牵头部门子

方案、大厅提升和业务板块进展方案等，编制企业综合服务中心 10 项制度，梳理形成 12 大类 228 个服务指南，形成整体性的政策体系和工作部署体系。坚持在运行中不断优化完善"一中心"三级联动机制，构建横向到边、纵向到底的政务服务增值化工作网络。在此基础上，依托政务服务线上线下融合及电子营业执照集成应用两个国家试点，持续强化"政企通"平台"一类事"推进集成功能，丰富"一清单"完善"一个码"，使"五个一"充分融合。同时，聚焦企业最直接的需求，按照"从无到有、从有到优、从分散到集成"原则梳理增值服务事项，形成第一批 12 方面 208 个事项清单，实现企业服务从"有什么给什么"到"要什么给什么"。

二是深化协同联动，建强形神兼备的线下服务中心。以基本政务服务、增值服务相融合的理念推进企业综合服务中心改造提升。推动商事登记审批服务融入准入准营相关增值服务内容，设立面向小微企业、个体工商户的服务专区，为衢州市 5 万多家小微企业和 24 万多户个体工商户提供更精准的审批、政策、金融等服务。推动开放服务板块融合签证服务、外籍人员工作许可等基础政务服务事项，提供外资外贸全过程服务。不断拓展原八大增值服务板块服务内容，加强投资项目审批集成服务、知识产权纠纷快速处置服务等，更好满足本地企业个性化需求和主导产业的发展需求。同时，积极推动县级企业综合服务中心硬件提升、布局优化，探索将县级民生类政务服务事项下沉到乡镇一级，推动县级人员力量聚焦涉企服务，做大做强县级企业综合服务中心。

三是推动企业综合服务中心硬件改造升级，提升人才科创服务、知识产权服务、开放涉外服务、项目服务四个专区，新增小微企业和个体工商户、信用服务、智慧新城服务三个专区。重点围绕"三支队伍"建设打造"才呼我办"人才科创服务专区，全面推进以企业为导向的"才呼我办"人才服务增值化改革，突出科技成果转化，提供科技中介、成果交易、知识产权保护等服务，让人才创业发展无忧，助力更多的科学家变成企业家。

四是企业综合服务中心全面进驻增值服务清单内的服务事项，设立服务专窗，一个窗口受理企业增值服务需求。一方面，横向与人才、创新、资本及六大产业链专班联动，收集产业链上各类问题；纵向与园区企业综合服务中心、企业社区服务中心联动，打造线上线下融合的服务中枢，提供更加专业高效服务，实现全产业链全生命周期增值服务"一窗办、集成办"。另一方面，依托市企业综合服务中心打造市级"中台"，作为全市涉企服务"总客服"，做好相关业务统筹。统筹问题归集渠道，线上入口在"企业码"、"浙里办"、三衢客户端等多端透出，推动线上"一网反馈"；做强"12345转8"营商环境热线，接入企业综合服务中心，推动诉求"一号应答"；依托各级企业综合服务中心，推动线下"一门受理"。

五是统管问题发现机制，通过常态化征询、结合"五链"融合机制、企业专属空间数据、跟踪政策落地、联动"亲清"系列政企沟通机制、四套班子领导问题交办等途径发现问题。统一构建问题池，建立企业问题统一管理机制，将全市域各渠道收集的问题全部纳入企业服务问题池，建立问题标签，依托"企呼我应"数字化应用、数字化记录、可视化管控、闭环化管理。

企业综合服务中心应企业需求而生、为解决问题而变，坚持需求导向、问题导向、效果导向，从与企业关联最紧密的领域和事项做起，在企业反映最强烈、最渴望解决、最难办的事情上突破，努力做到企业来衢州、在衢州找政府办事实现"一站式"服务，以实际行动实实在在增强企业的获得感。

（四）围绕"四个新"，推进政务服务增值化改革

一是打造进一扇门能办各类事"新平台"。衢州依托现有的政务服务中心，设立企业综合服务中心，全方位升级涉企服务。企业到中心，既可以享受到基本政务服务，也就是便捷审批等，还可根据需要享受到精准

化、个性化的衍生服务。例如，开设一家企业，在这里不仅设立登记、刻章备案等基本政务服务事项，可以一次办好，同时还有如市住建局、市经信局等部门联合勘探选址勘查，高层次人才服务中心、人才科创集团等提供公寓配租、子女入学等八个板块、三个专区的增值服务可以一并提供。将"兜底窗口"设置在企业综合服务中心，让依照常规"技术判断"不好办、但遵循"价值判断"应该办的各类事项和疑难杂症，都能在企业综合服务中心兜底办理。

二是强化数智赋能政策直达快享"新体验"。衢州依托数字化改革成果，打造线上版的"政策计算器"——"企呼我应"平台，把浙江省出台的"民营经济高质量发展 32 条"等惠企政策精准推送给企业，让政策直达快享、企业免申即享，将"企业找政策"变为"政策找企业"。例如，根据省、市大数据局及其他相关政府部门提供的数据，能为企业提供精准的画像，给予如"市级绿色低碳工厂""纳税信用等级：A""企业公共信用分综合评价：优－"等各类标签，不仅方便政府为其提供更精准的服务，也能为其提供更全面的政策支持。

三是构建涉企问题高效闭环解决"新机制"。为更好解决企业各类难题，主动积极回应企业诉求，衢州建立了"企呼我应"问题高效闭环处置机制、完善企业问题限时办理机制、完善问题分类处置机制、可视化全流程监测机制等各类涉企问题高效闭环解决机制，做到涉企问题"一个口子"归集、分类分层分级高效解决。设立营商环境"清障"行动负面清单，从政策兑现、经济秩序、执法监管、政务服务、企业服务机制、队伍作风六个方面努力消除涉企服务的"中梗阻""下梗阻"问题，改变了企业碰到问题时"找熟人、靠关系"的传统思维，为政商交往、营商环境评价提供了制度性安排。

四是攻坚难点堵点问题实现"新突破"。衢州聚焦招投标、中介服务、知识产权保护、政商交往等投资项目全过程服务，提供人才、科创、金融、知识产权等服务，努力破解一批体制机制障碍，切实提升企业和群众的获得感、满意度。例如，企业综合服务中心提供专业的知识产权服务，由衢州市市场监督管理局知识产权与专利商标监督管理分局局长作为知识产权服务负责人，并配备副局长及登记注册分局人员，加强了对企业知识产权的服务和支持，帮助企业解决发展中遇到的知识产权方面的困难和问题。

（五）实实在在为企服务解难题

企业综合服务中心成立以来，为无数企业实实在在解决各类综合性的疑难杂症。如衢州巨化集团所辖多家企业先后到市企业综合服务中心反映工业用地不动产登记难问题。企业综合服务中心会同智造新城管委会、资规局等部门调查发现，不动产登记历史遗留问题较多、问题情况复杂、时间跨度长、涉及部门多、处理难度大。针对企业反映不动产办证难的共性问题，衢州市立足实际，主动担当，创新思路，合力攻坚，有力推动破解历史遗留问题，为企业高质量发展保驾护航。

一是以摸清底数为要求夯实工作基础。加强与巨化集团对接，通过现场踏勘、档案查询比对、企业交流座谈、各部门联合会商等方式对下属企业所有未取得不动产权证的工业项目进行全面排查，为全面化解不动产登记问题打下坚实基础。经初步排查后发现，巨化集团存有无证工业厂房和配套用房约 19.38 万平方米，其中有建设工程规划许可审批的约 11.8 万平方米。

二是以建章立制为抓手加强工作统筹。研究出台《智造新城工业企业不动产登记历史遗留问题处理方案》《巨化集团工业企业不动产登记历史遗留问题处理方案》，明确工作原则、工作目标、适用范围、处理意见、方法步骤。迅速组织以企业综合服务中心、资规、应急管理、生态环境、消防、综合执法等职能部门为主要成员的多跨专班，明确责任主体、措施和时限，详细绘制问题清单解决进度表，实时更新、统筹推进。

三是以分类处理为原则提升工作质效。对各企业厂房未办证的状况、原因进行综合研判，梳理出无竣工验收备案结果、规划核实手续不完善、项目建设主体不一致、跨宗地建设、工程建设资料遗失五大类"卡脖子"情况。根据不同类别，找出具体堵点，制定相应的解决方案，开展"清单化"处置，"一揽子"解决巨化集团无证房产的处置问题。如针对无竣工验收备案结果的问题，智造新城管委会组织部门现场联合勘查，根据勘查情况出具《房屋建筑工程竣工联合勘查表》，通知企业补交资料或按照要求整改到位，各部门予以审核确认或补办后在《房屋建筑工程竣工联合验收意见表》上签署意见并盖章，提交智造新城管委会党工委会议审议通过，最后登记部门为企业办理不动产登记。

（六）衢州政务服务增值化改革成为全省样板

良好的营商环境是衢州招引大项目的一大法宝，也是各个地方招商引资的基本盘。一直以来，衢州市高度重视营商环境优化提升，2023年在省委、省政府指导下率先探索开展政务服务增值化改革，并在纪委监委的支持下持续推进营商环境"清障"行动、涉企问题处置与监督"双闭环"等创新举措，全力打造新型亲清政商关系，加快构建全产业链全生命周期服务体系，为产业赋能，给企业减负。2023年引进新材料等标志性产业百亿项目7个，为企业减负超70亿元，产业集聚效应显著，在产业营商环境新赛道上抢跑领先。

衢州市在2023年第二、三季度全省营商环境优化提升"一号改革工程"星级评定中均为5星，政务服务增值化改革获评2023年全省改革突破奖金奖。浙江省政务服务增值化改革现场会在衢州召开，衢州改革成为全省样板，相关做法在央视《新闻联播》播出，获时任浙江省主要领导来衢调研高度肯定并要求全省复制推广。

实践证明，依托企业综合服务中心和建立"企呼我应"平台涉企问题线上线下联动高效闭环解决机制，是破解涉企问题收集碎片化、解决质量不高的有效路径，也是推进政务服务增值化改革的重要制度安排，还能为各区块构建起一条"亲商安商富商"比拼新赛道。

营商环境没有最好，只有更好。衢州将继续纵深推进政务服务增值化改革，为发展新质生产力、推进高质量发展提供强劲动力。

三、经验与启示

衢州在政务服务增值化改革中建立了企业综合服务中心，为企业提供更为丰富的专业化、组合式、个性化服务，推动涉企服务从"单一便捷"转变为"综合赋能"，为企业提供了订制化、套餐式、模块化、线上线下相融合的企业服务新场景。衢州企业综合服务中心的成功经验为其他地区提供了有益的经验和启示。

（一）企业综合服务中心的衢州经验

衢州企业服务综合中心是政务服务增值化改革中从企业实际需求出发，具有可复制、可推广经验的平台。衢州市在推进政务服务增值化改革过程中转变视角，通过"用户思维"来分析当前企业发展现状，发现企业对政务服务的需求已发生转变。除了过去办理证照等基本需求，企业对人才、金融、科创等社会服务和市场服务更为渴求。因此，在提升服务的事项中，更加注重满足企业更高层次的需求诉求，重新梳理并汇聚项目服务、法治服务、人才服务、开放服务、知识产权服务、金融服务、科创服务、诉求服务八个板块，共156项政务服务和252项增值服务事项，形成了"一揽子"的服务超市。同时也基于企业综合服务中心构建了展示衢州党建引领产业发展的党建板块，面向全国企业招商引资的投资板块，宣传推广衢州营商环境展示馆、衢州企业产品等特色板块，让所有用户"一站式"了解衢州。

在如今普遍采取线上交流的情况下，衢州建立企业综合服务中心这样一个面对面接触与沟通的平台，更能为企业和群众提供信任感与情绪价值，"面对面交流"，让许多事"更能讲清楚"，更能提前谋划计算各项政策受惠度及如何落地，实现精准推送，企业免审即享，实现企业最优惠、最省心、最省力。

（二）衢州企业综合服务中心的启示

政务服务增值化改革不是简单地整合现有政务服务、公共服务、社会服务和市场服务功能，需要立足挖掘企业需求，并依托增值化改革破题，通过场景化、项目化将问题转化为服务。政务服务增值化改革，还要求政府部门做有创造力的执行者，而不是简单的技术判断；政务服务的价值也并非单单指"办成一件事"，而是要让企业群众在办事过程中有切切实实的增值获得感。

企业综合服务中心的建立是推动政务履职范围不断拓展的窗口，更关键的是要在服务理念、服务范围、服务周期、服务主体、服务时空上实现迭代跃升，从而全面提供额外的、衍生的、企业急需的增值服务。

一是要在服务理念上发生转变。从管理思维转为用户思维，推动体验增值，立足企业视角，前移服务关口，做到既想企业之所想更想企业之所未想，实现从"有什么给什么"向"要什么给什么"升级。二是要在服务范围上发生转变。从基本转为全面，推动内容增值，在优化基本政务服务的基础上，叠加关联度高的增值服务事项，形成"基本服务＋增值服务"覆盖，进一步拓展政务服务的广度和深度。三是要在服务周期上发生转变。从阶段性转为全周期，推动效能增值，围绕企业设立、成长、退出的全生命周期，特色产业培育、发展、壮大的全链条，构建订制化、套餐式、模块化的为企服务新生态。四是要在服务主体上发生转变。从单一转为多元，推动供给增值，以政府为主导，整合市场资源、社会资源，"让专业的人干专业的事"，实现服务供给主体多元化。五是要在服务阵地上发生转变。从分散转为集成，推动时空增值，打造线下企业综合服务中心、线上企业综合服务平台和"企业码"相融合的集成服务体系，实现涉企服务"一站式"集成。

第三节　赋能块状经济迭代升级：做大做强县域特色产业集群

块状经济是浙江省制造业产业转型升级的重要支撑，依托中小企业聚集的区域经济特色，根植富有创业精神和经营理念的人文环境，浙江省走出了一条富有地方特色的工业化路径。块状经济的发展为产业集群的打造奠定了坚实的基础，既形成了差异化的竞争优势，也优化了地区间的产业结构。然而，虽然部分块状经济已经成功发展为较成熟的产业集群，但还有许多块状经济发展方式相对粗放，产业同质化现象严重、专业化分工不足，呈现低端发展的态势，总体上尚未构建起完善的区域创新体系。

随着时代的发展，高质量发展理念贯穿经济社会发展的全过程，传统制造业通过机制改革、科技创新等形式实现了转型，新兴产业不断涌现，块状经济向高端化、数字化、绿色化的产业集群升级，形成了以创新为主导的新质生产力质态。在打造高质量产业集群、发展新质生产力过程中，地方政府主要提供政策支撑、产业规划、市场建设等服务，优化营商环境，帮助产业延链、补链、强链，壮大当地特色产业。衢州市致力于打造"中国营商环境最优城市"，聚焦新材料、新能源、集成电路、智能装备、生命健康、特种纸等六大标志性产业链，立足企业价值需求，通过数字赋能和制度创新，不断完善为企办事"一类事"增值化改革模式，为企业提供及时的回应性服务，助力本地特色产业集群的打造。

一、改革背景

作为衢州市特种纸产业的代表县之一，近年来，龙游县委、县政府将特种纸产业政务服务增值化改革作为实现龙游特种纸经济高质量发展的战略举措，不断加快集聚创新资源，着力激活创新要素，提升精准创新服务能力。龙游县以特种纸产业为切口，以政务服务增值化改革为引领，根据产业发展实际，通过政府主导、引进布局、整合提升，聚焦产业链全生命周期发展需求，构建"前端服务省心、中端保障舒心、后端支撑放心"的特色产业政务服务增值化改革模式，赋能企业降低成本、增加收益，为特种纸企业创新发展提供更专业、更精准、更经济的产业创新支撑，成效显著。2024 年 1—8 月，龙游县全县特种纸产业规上工业产值达 80.57 亿元，同比增长 1.9%，预计全年产值可突破 131 亿元。

龙游县位于衢州市东部，与丽水遂昌县、杭州建德市、金华兰溪市交界，交通地理位置优越，受湿润季风气候影响，当地日照充足，雨量充沛，适合毛竹等造纸原浆类植物生长。龙游县特种纸产业历史悠久，发展基础扎实，经过多年培育发展，已成长为龙游县县域发展的第一大支柱产业，产业链条基本形成，纸及纸制品产业集群率先跨过百亿元大关。总体而言，龙游特种纸产业发展主要经历了三个时期：一是裂变发展期。1958 年龙游造纸厂动工建设，它是国家第一个五年计划期间全国 150 个重点建设工程之一，也是龙游县最早开始生产特种纸的企业。1993 年 12 月，龙游造纸厂组建为浙江亚伦股份有限公司，建成 9 条特种纸生产线，设计生产能力超过 4 万吨，当时与民丰造纸、华丰造纸并称为浙江三大造纸企业，职工人数最多时近 2500 人，产值近 3 亿元。2003 年，亚伦股份改制，依托亚伦品牌、人才、熟练工人、技术、产品、市场等优势，相继裂变产生了新亚伦、恒达、凯丰、华邦、金昌等一批特种纸企业，形成了龙游县特种纸产业蓬勃发展的态势。2009 年，全县共有特种纸规模企业 21 家，其中产值亿元以上企业 9 家，各种特种纸的产量约 20 万吨，约占全国特种纸及纸板产量的 8%，实现产值 29.93 亿元，占全县规模工业产值的 23.61%。龙游县被评为"中国特种纸产业基地"。二是快速发展期。随着 2001 年金龙纸业由石佛乡迁入湖镇镇，2008 年引进维达纸业一期项目，2016—2018 年百富新材、杭星新材、民兴纸业、太平纸业等富阳地区特种纸企业外迁集中落户，华邦古楼合资重组，维达纸业扩建扩产，恒川项目入园集聚，金励纸业 100 万吨产能项目落地，特美新材、罗贝壁纸、恒润壁纸、满德新材、凤都纸业等一批纸加工项目建成投产，以及之后引入鹏辰造纸、蓝宇新材料等企业，龙游特种纸产业发展势头迅猛，企业家数量增多，产业规模扩大，行业知名度和区域影响力也快速提升，2019年达到百亿元产值。三是瓶颈发展期。2020年以来，一方面随着能耗指标、环保指标的收紧，原纸生产企业难以引入、后加工企业招引困难，叠加新冠疫情的影响，维达五期、嘉兴民丰特纸等重点项目未落地，导致增量不足、后劲乏力。另一方面，受国内外宏观经济形势下行、市场消费疲软、市场竞争白热化等因素影响，虽然新冠疫情期间医疗包装用纸大增，但产业总体增幅较小，产业发展趋缓，进入发展瓶颈期。

目前，龙游县拥有特种纸产业链企业65家，2022年特种纸规上企业实现产值101亿元，占全县工业总产值的37.6%，产值20亿元以上企业1家，10亿元以上企业3家，1亿元以上企业15家。2023年1—8月特种纸规上企业实现产值71亿元，同比降低1.28%。全县特种纸产业拥有省"专精特新"中小企业11家，省"隐形冠军"企业2家；国家高新技术企业30家，省级科技型中小企业28家。近两年新供地特种纸产业项目13个，其中"腾笼换鸟"项目7个，在建项目共29个（含技改），维达四期、恒川二期、金励二期等特种纸产业重点项目正在加快建设中。

（一）政策支持背景

作为工业制造业的组成部分之一，造纸业历来受到国家重视。20世纪90年代以来，中国将造纸工业纳入国民经济规划中，国务院、国家发展改革委等部门陆续出台了支持及规范特种纸行业发展的政策，见表4–1。

表4–1　国民经济规划中关于特种纸相关政策演变一览表

序号	国民经济规划	特种纸相关政策
1	"八五"计划	积极发展造纸工业及各种纸质产品
2	"九五"计划	积极发展造纸工业
3	"十五"计划	积极发展木浆及高档纸、新型造纸等

续　表

序号	国民经济规划	特种纸相关政策
4	"十一五"规划	调整造纸工业结构，鼓励发展高技术、高性能产品
5	"十二五"规划	科技创新推动产业升级，优化造纸工业结构
6	"十三五"规划	深入推进国际产能和装备制造合作，结构持续优化
7	"十四五"规划	扩大造纸优质产品供给，加快造纸行业改造升级

作为造纸大省，浙江省造纸行业历来处于全国发展前列，2016 年以来，浙江省规模以上造纸企业数量平稳保持在 230 家以上，占全国规模以上造纸企业比例约为 10%。浙江省委、省政府高度重视造纸行业，2017 年 6 月出台了《浙江省全面改造提升传统制造业行动计划（2017—2020 年）》，为造纸产业的转型提升奠定了政策基础。

衢州市造纸历史悠久，可追溯到 1000 多年前，且是浙江省的造纸大市之一，产量稳居浙江省造纸行业前列（如图 4 - 2 所示），2022 年衢州市特种纸产值达到 275.2 亿元，占据全国约 30% 的市场规模，已成为浙江省全省产业集群规模最大、产品类别最齐全的特种纸生产基地。衢州市立足本地造纸产业发展实际，陆续出台了《衢州市实施六大产业链提升工程行动方案（2020—2025 年）》《衢州市特种纸产业链提升方案》等，明确将特种纸作为全市的重点培育产业并提出了加快产业链系统创新的具体举措。

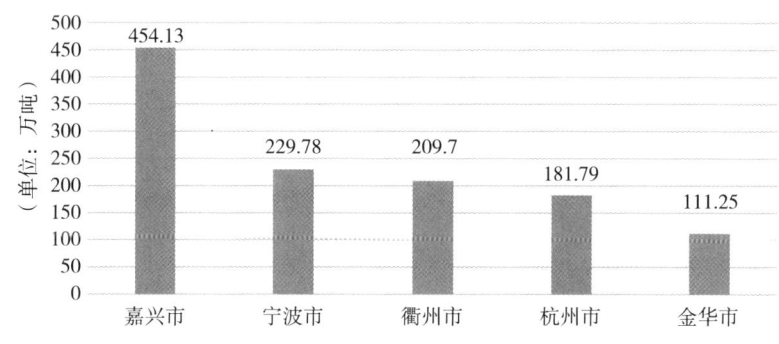

图 4 - 2　2020 年浙江省各市纸及纸板产量前五地区排名

龙游县是衢州市传统造纸县之一，1958 年龙游造纸厂成立，20 世纪 60 年代开始生产特种纸，到 1993 年时龙游造纸厂组建为浙江亚伦股份有限公司，职工数近 2500 人。随着特种纸生产企业研发投入和造纸工业技术的不断提高，龙游县特种纸行业与时俱进，不断改善产品性能，引进了维达纸业、华邦特纸、凯丰纸业等不同规模的造纸企业，本地特种纸企业浙江金龙再生资源科技股份有限公司在 2020 年浙江省造纸行业产量 30 万吨以上的企业中排名第十。为促进作为县域主导产业的特种纸行业的发展，深入贯彻落实省委、省政府"加快从便捷服务到增值服务的全面升级"的决策部署，把营商环境优化提升"一号改革工程"当作山区县实现跨越式高质量发展的头等大事来抓，龙游县先后出台了《龙游县造纸行业"十三五"规划》《龙游县工业布局规划》《龙游县特种纸基地建设规划》等政策文件，制定特种纸产业发展优惠政策，为特种纸产业发展夯实了政策基础。

（二）企业发展需求

1. 国际形势趋于严峻复杂

一是中美贸易争端打击产品出口。根据中国海关的数据，中国特种纸出口中约 10％ 出口到美国市场。中美贸易争端对特种纸行业的出口市场造成较大冲击，一些特种纸生产企业的出口订单受到影响。2018 年中国对美国废纸加征 25％ 关税，2020 年又大幅收紧进口废纸，中美贸易争端对特种纸行业的原材料价格和供应也产生了影响。根据中国海关发布的数据，2018 年中美贸易争端爆发后，中国对美特种纸产品的出口量下降了近 20％。二是欧盟经济增长乏力导致需求下降。一方面，受新冠疫情影响，欧盟经济遭受重创，欧盟对中国特种纸的进口总额下降了 7.7％。另一方面，欧盟对中国特种纸产品的反倾销措施加强。如 2021 年 6 月，欧盟宣布对中国进口的一种特种纸产品征收反倾销税，税率高达 22.5％。三是日韩跟进美国"友岸外包"战略引发订单外迁。美国政府于 2021 年发布了"友岸外包"战略，旨在重塑"去中国化"的供应链，以及推动垂直一体化生产，重构安全先于效率的供应链。自"友岸外包"战略实施以来，根据日本贸易统计数据，日本特种纸对美国的出口量增加了近20%。根据韩国工业统计数据，韩国特种纸的国内消费量增长了约15%，使中国特种纸的出口市场受到挤压。四是俄乌冲突加剧贸易风险。俄乌冲突对全球各区域经济发展产生影响，特别是对纸浆全球贸易。中国是俄罗斯商品浆最大的贸易伙伴，占比高达62%。现阶段，乌克兰所有纸企停工，俄罗斯虽未出现大面积停产现象，但是由于化学品等相关企业遭遇制裁，有些浆纸厂不得不进行部分产品转换。现阶段木浆还未被列入禁止贸易的产品制裁名单，但如果战事持续，不排除此种可能。

2. 国内产业市场趋于饱和

一是造纸行业整体承压发展。全国经济"需求收缩、供给冲击、预期转弱"对造纸行业也形成多重压力，叠加原辅材料和能源价格上涨等因素推高成本，使造纸行业经济效益大幅下降，进入"行业磨底期"。二是房地产业疲软冲击消费市场。房地产业是装饰纸的主要应用领域之一，房地产业疲软对装饰纸企业的影响较为显著。装饰原纸是特种纸行业中占比较高的细分领域，已成为百亿级市场，市场格局较好。近年来受国内消费低迷及房地产疲软等因素影响，人造板饰面专用原纸的产能和销售量受到冲击。三是特种纸产业存量竞争抑制未来发展。受新冠疫情影响，口罩、咽拭子采样棒等产品需求量急剧增长，使医疗包装原纸产量在2020年大增。2013年，我国医疗包装原纸产量仅为9.76万吨，到2021年已达23.50万吨，年复合增长率为11.61%。随着新冠疫情的结束及国内消费水平趋于理性，医疗透析纸出现了明显的产能过剩。另外，以商务交流用纸、烟用系列用纸及印刷系列用纸等为代表的特种纸存在国内市场份额有限、利润率低、内卷严重等问题。

3. 省内产业竞争愈加激烈

浙江省统计局统计，2022年全省造纸行业规模以上造纸企业199家，全年完成机制纸及纸板产量1599.3万吨，同比增长8.0%，实现工业产值846亿元，同比下降1.9%。一是区域竞争激烈。造纸产量主要集中在嘉兴、衢州和宁波等地区。嘉兴 29 家企业产量约 560 万吨，占比最高。衢州 41 家规上原纸企业产量约 295 万吨，产业较为分散。宁波 4 家企业产量约 250 万吨，头部效应明显。二是企业竞争激烈。省造纸企业产量前十企业中，宁波亚洲浆以产量 227 万吨排名第一，五洲特纸以产量 96 万吨排名第四，仙鹤股份以产量 82 万吨排名第五，金龙股份以产量 74 万吨排名第七。特种纸及生活用纸年产 10 万吨以上企业中，五洲、仙鹤排名全省第一、第二，夏王纸业以 33 万吨排名全省第三，维达纸业以 20 万吨排名全省第四、全市第三。三是发展压力陡增。2022 年度浙江省全行业亏损企业及其亏损额均大幅增加，并均创历史新高，特别是中小型企业尤为严重，增产不增利影响未来发展。而龙游县特种纸产业营商环境有待优化提升，助企服务还没有做到全产业链全生命周期，大多仅限于人才招引、成本控制、土地指标、减税降费、政策补助等生产要素服务。

（三）产业问题导向

龙游县特种纸产业规模效应初显，但各类问题凸显，主要有以下几个方面。

1. 产业化集中度不高，缺少大规模企业

2022 年全国机制纸及纸板产量 13691.4 万吨，其中特种纸及纸板总生产量约 732 万吨，龙游特种纸产业批复产能约 100 万吨，实际产能约 70 万吨（不包含金龙、金励），全县 65 家特种纸企业，集中于细分领域错位竞争，市场份额不高，除维达、华邦等企业外，主要集中在 10 万吨以下，机械加工、造纸助剂等配套企业较少，产业深度和宽度相对有限，与周边地区相比在产业规模上仍有一定差距，未形成类似民丰特纸、凯恩股份、仙鹤股份等影响力显著的企业，大部分特种纸企业与山东的齐峰新材等差距较大，深加工企业更是与广东的冠豪高新等企业相距甚远。龙游特种纸企业进入多层次资本市场步伐较慢，集中于门槛较低的新三板，全国特种纸新三板企业共 15 家，龙游占了 5 家；全国特种纸企业主板上市 9 家，龙游

为空白。小微企业仍是龙游特种纸企业主体，上市融资能力、市场影响力不足，存量竞争背景下易被兼并重组，如衢州上市公司五洲纸业大幅扩张，已收购凯丰特种纸所有股权。

2. 主要产品种类少，同质化竞争严重

特种纸种类涉及生活、建材、电气制品、工业过滤、机械工业、农业、信息、光学、文化艺术等数千种，龙游特种纸主要产品只有百余种，主要生产卷烟配套用纸、食品医疗包装用纸、装饰原纸、印刷用纸、高档生活用纸等产品。部分企业采用同种原料、同种工艺、同种设备生产同种产品，比较典型的如转移印花用纸，基本所有特种纸企业都能生产，创新能力仍有不足，绝大多数产品主要在国内销售，市场竞争日趋激烈，经济效益难以提高。

3. 科创服务保障不足，产业创新能力弱

目前龙游特种纸企业研发活动、研发机构未实现全覆盖，创新服务主要依托特种纸综合体、特种纸质检中心及特种纸研究院等平台，主要以检验检测、设备仪器共享、标准制定、推动产学研合作等服务为主，存在服务内容较为单一、服务质量不高等问题，在原创性基础应用研究、新材料应用研究和新产品开发、核心技术研发培育、绿色节水技术和装备开发等方面还有拓宽空间。龙游作为县级城市及其相关政策对高技术服务人才和科技机构的吸引力不足，特种纸具有高级工程师以上职称的技术人员不到10人，并且缺少公共信息、科技金融、工业设计、电子商务等中介服务。再加上创新资源（设备仪器、小试中试基地、高端人才）分散，缺乏有效、有偿的交流和共享机制，难以进一步发挥支撑作用。

4. 技术型人才紧缺，制约企业提速发展

龙游造纸行业整体面临调整优化产业结构、转变增长方式、提高经济效益的急迫现状。企业淘汰落后设备、采用先进技术和管理方式、进行数字化改造和节能改造，均需人力资源的保障，尤其是一些先进设备，需要高技能的工业自动化操作人员，如对清洁生产技术和节能技术等具有研发能力的专业技术人才和能够掌握国内外最新科技动态的高级技能人才。目前，龙游特种纸从业人员虽多，但大多是当地工人，缺乏专业知识和技术，且很多技术骨干都出自龙游造纸厂，技术面比较相似，创新性不足。另外，各企业工人年龄普遍偏大，一线技术工人人均年龄超过40岁，人才面临断层，企业发展后劲不足，甚至出现人员危机。

二、做法与成效

针对特种纸产业发展困境，龙游县深入贯彻落实省委、省政府"加快从便捷服务到增值服务的全面升级"的决策部署，聚焦产业链全生命周期发展需求，构建特色产业政务服务增值化改革模式，赋能企业降低成本、增加收益。2023年，已储备形成30个以上特种纸产业链项目库，总投资额超20亿元。同年，全县特种纸产业规上工业产值达118.21亿元，同比增长约17%。

（一）坚持"政府搭台、筑巢引凤"，营造省心的前端服务环境

1. 搭建产业链集聚服务平台

2023年，以政务服务增值化改革为引领，根据龙游县产业发展实际，通过政府主导，打造"六中心一基地"服务体系，"六中心"分别是：

（1）功能性纤维材料研发中心。主要依托浙江科技大学等学院名校载体，以校企合作的方式，为龙游特种纸产业提供前沿特种纸产品研发信息和行业关键共性技术攻关服务。由龙游经济开发区主管，新发集团运维管理。2023年，合作完成华邦特西诺采新材料《高强装饰纸竹纤维配抄关键技术开发》、浙江蓝宇新材料《高强亚克力板防护纸关键技术开发》等成果研发11项。

（2）工艺装备升级服务中心。通过引入衢州学院、东南数字研究院龙游分院、浙江工业大学、双屿智能科技等创新服务载体，为龙游特种纸产业企业提供工艺装备智能化升级服务，为企业数字化工厂改造、工业设计

等进行问诊及实施方案确定的服务。主管部门是经信局，特种纸创新服务综合体配合做好推动校企合作。2023年全县特种纸智能化改造项目9个，其中4个已经完成、5个在建。出具数字化提升问诊报告5份（富田、广和、舜浦、特美、友丰）。

（3）标准检测服务中心。主要承担检验检测、提供质量标准，主管部门是市监局，经济开发区负责运维，由浙江科技大学提供技术支撑。2023年中心服务单位45家（县内34家，县外11家）。完成检测样品296个，检测指标项目772项，出具有效CMA报告80份。成功举办2023年龙游县特种纸质量检验检测技能竞赛。在市监局指导下，积极创建龙游县质量基础设施"一站式"服务平台和龙游县特种纸产业知识产权服务业集聚区。

（4）大数据云服务中心。主要负责"互联网+"产业大数据平台建设，主管部门是科技局、经济开发区，新发集团负责运维，由伍一科技提供技术支撑。2023年建立专家库，有成员近500人。发布"特种纸产业综合体"资讯93篇，"揭榜挂帅"需求100条，科技成果478条，"政策大师"相关政策文件、申报通知、公示公告、政策解读171篇，"知识产权"政策通知、新闻资讯114条，浙江网上技术市场发布先用后转专利成果300个。

（5）产品交易推广服务中心。主要承担科技大市场服务、展示中心服务、产品交易服务，主管部门是科技局、经济开发区。中心依托伍一科技解决中小企业技术成果转化率低、市场信息不对称、产品推广渠道狭窄等问题。2023年，组织企业研发成果推荐会2场，完成科技创新对接活动8场，组织高校技术转移中心校企对接活动8场以上，成果拍卖会5场。依托纸浆交易中心为旭荣纸业、凯丰新材、恒川新材等企业解决纸浆进口信用证额度、仓储压力问题。其中，纸浆交易中心以临港仓储资源为抓手，设立两大空间功能区块，即纸浆仓储交易区块和综合商务服务区块，总建筑面积近2万平方米，创新"仓储+贸易+供应链金融"新模式，通过一般贸易、代理业务及后期拓展期货期权、仓单质押等业务，为企业提供供应链金融服务。引进专业第三方物流公司，施行标准化管理及收费，解决企业原材料到厂的"最后一公里"难题，多管齐下为企业降本增效。

（6）"一站式"公共服务中心。主要开展知识产权培育、人才培训、科技金融等服务，主管部门是科技局，依托伍一科技团队提供人才培训交流服务、知识产权保护服务、科技金融服务等常态化服务。2023年开展研发经费归集专题培训会、企业知识产权管理专题培训、省科技型中小企业年报填报培训会等活动13场，共217家企业306人参加。开展技术沙龙3次。指导维达纸业（浙江）有限公司的"生活用纸行业数字孪生工厂智能运营关键技术研究及应用"荣获省创新挑战赛"互联网＋"行业赛二等奖。

"一基地"为小试、中试基地，主要负责解决产品工艺、问题实验，主管部门是经济开发区。2023年度综合体依托浙江金昌特种纸股份有限公司、华邦古楼新材料有限公司等龙头企业，共同建设龙游特种纸小试中试服务基地，为企业提供小试中试仪器设备开放共享服务，提供产品工业试验及专业技术指导服务，解决了中小企业资金受限、设备落后、研发试验能力不足导致产品试验无法进行等问题。根据企业需求，引导企业进行中试，由平台服务专家进行相应的指导。2023年，由平台指导的企业3家在华邦做小试，2家特种纸研究院自主进行中试。为特种纸企业创新发展提供更专业、更精准、更经济的产业创新支撑，已建成各类公共创新服务平台、科技中介机构、检测检验机构、标准化实验室等25个，实现县域特种纸产业集群服务全覆盖，为特种纸产业发展提供专业平台支撑。

2. 打造便捷高效政务服务体系

打破部门、层级间业务壁垒，模块化处理造纸企业开办、获得水电气、获得信贷等全生命周期事项，打通各事项场景数据，形成关联事项链条，优化事项审批流程。2023年，率先在全市开展制造业项目决策咨询服务简易审批，44项企业关联事项实现"全链通办"，审批时间由原来的至少1天缩短至4小时内。

3. 建立专业化助企服务模式

建立特种纸产业"一个县级链长、一个牵头部门、一支专家团队、一个行动方案、一套支持政策、一个工作专班"的"六个一"服务模式。专家团队帮助龙游金昌纸业攻克电子载带纸和砂纸原纸制造技术，企业实现产品国内市场占有率超 70%；指导维达纸业创建未来工厂，成功获评省级循环化改造示范试点。

（二）坚持"降本增效、赋能提速"，创造舒心的中端保障条件

1. 优化要素保障，缩减企业生产成本

建立浙西南大宗物资进口仓配交易中心，提供纸浆集采、代采、航运、贸易等服务。建设特种纸产业中水回用系统，实现大、中、小三种水循环，降低用水成本 0.5 元/吨，可为特种纸企业节约水费 200 余万元/年。

2. 推进数字赋能，缩减企业运营成本

上线造纸产业中枢平台，为企业提供"一站式"智能化问诊、数字化改造服务。2023 年，已有 7 家特种纸企业入驻中枢平台，连通 26 条生产线、121 台设备，全自动控制碎浆、辅料制备、打包等工段，实现能源、资源利用最优化，节约运营成本 382 万元。

3. 完善物流体系，缩减企业运输成本

加快推进临港物流园区建设，推动"散改集"和公铁水"零转驳"多式联运，打造集运输、配送、仓储、包装、装卸搬运、流通加工、信息处理、技术研发、供应链方案解决于一体的集成化物流服务，形成现代高效临港物流网络。

（三）坚持"创新创造，系统集成"，打造放心的后端支撑阵地

龙游县以服务链为牵引，深度融合产业链、资本链、创新链、人才链，"五链"融合、相互赋能，构建特种纸全产业链服务体系。全面打造龙游县特种纸产业增值服务"一类事"改革场景，根据产业链上游（原材料）、中游（制造）、下游（应用）及供应链、生产链、销售链六个维度，绘制特种纸全产业服务链鱼骨图，从原材料供应、物流、科创、产业基

础、用地、资本、生态、应用、人力资源、要素保障、园区配套等方面梳理共性问题 12 个，编制 28 项定制式服务事项清单和闭环式服务指南，实现"一站受理－限时服务－评价反馈－统计分析"的服务全闭环。

1. 注重引育，建强人才链

实施"龙凤引游子归"青年人才集聚行动，优化"揭榜引才""以才引才"等引才模式，壮大产业人才蓄水池。推进"龙游㵠"人才型未来社区建设，优化青年人才多层次住房供给。

2. 精准发力，完善创新链

依托浙工大生态工业创新研究院、中国制浆造纸研究院等产业研究机构，联建特种纸产业技术创新研究院，开展深度合作。持续深化"十大科技攻关课题"行动，探索"企业出题、高校解题、政府助题"产学研合作新型模式，鼓励高等学校、科研机构与企业联合开展研究开发，加快关键技术突破和科技成果推广。2023 年，累计投入研发资金约 5.44亿元，成功培育 21 家省级"专精特新"中小企业、3 个省级"尖兵""领雁"计划项目。

3. 多措并举，厚植资本链

积极探索投贷联动、"专精特新"基金及区域可转债等业务，加速产业链与资本链对接融合。推进资本市场普惠服务试点县建设，构建"特色板＋资本市场服务＋专项培育基金＋孵化产业园"为核心的资本服务体系，发挥浙股交龙游服务中心作用，做好企业上市梯度培育。2023 年 8月，龙游首家特种纸企业（浙江恒达新材料股份有限公司）在深交所创业板成功上市，首发募集资金 8.18 亿元。

三、经验与启示

（一）龙游县特种纸产业政务服务增值化改革的主要经验

在特种纸产业政务服务增值化改革中，龙游县聚焦产业重点领域和关键环节，通过贯穿全产业链的"全链条、全周期、全过程"服务，助推企业高质量发展，打造特色产业集群。主要经验如下。

1. 打造定制式增值服务体系，实现"全链条服务"

围绕特种纸产业链上游（原材料）、中游（制造）、下游（应用），深入分析行业现状、短板困境及服务需求，全面梳理增值服务的功能板块和事项清单。一是搭建覆盖式增值服务板块。聚焦特种纸原材料供应、物流、科创、产业基础、要素、资本、生态、应用等领域，设置仓储物料、资金资本、技术创新、产品研发、生产制造、人力资源、知识产权、贸易交易等10个功能板块，每个板块实行专人专岗全天候服务，全面覆盖特种纸上下游全链条。二是梳理定制式增值服务清单。针对原料进口价格波动大、综合物流运输成本高、科技成果应用转化难、传统产业融资受限多、排放能耗因素影响大等特种纸产业堵点痛点，梳理28项定制式增值化服务事项清单。如特种纸增值服务帮助龙游金昌纸业攻克电子载带纸和砂纸原纸制造技术，企业实现产品国内市场占有率超70%。指导维达纸业创建未来工厂，成功获评省级循环化改造示范试点。三是编制闭环式增值服务指南。编制政策服务类、产业服务类、审批登记类三大类型增值服务事项办事指南，明确办理范围、申请条件、基本流程、办结时限、服务专员等内容，实现"一站受理—限时服务—评价反馈—统计分析"的服务全闭环（如图4-3所示）。

2. 搭建产业链增值服务平台，实现"全周期服务"

对照企业初创、扩张、成熟等阶段实际需求，搭建"六中心一基地"为主体的特种纸产业链增值服务平台。一是破解要素难题，缩减产业生产成本。建立浙西南大宗物资进口仓配交易中心，提供纸浆集采、航运、贸易等服务，完善天然气价削峰填谷和蒸汽价格联动、连片供热机制，建设特种纸产业中水回用系统，企业节约水费200余万元/年。二是推进数字赋能，缩减产业运营成本。上线造纸产业中枢平台，梳理汇总企业能耗、产量及产品等关键信息，深度开展产业链技术突破、项目申报、标准制定、成果转化等公共服务，实现"一站式"智能化问诊、数字化改造。三是重塑物流体系，缩减产业运输成本。依托临港物流园区，推动"散改集"和公铁水"零转驳"多式联运，为企业提供供应链集成化解决方案，并依托浙商期货等公司打造现期货互动平台，有效降低纸浆运输综合成本 25% 以上。

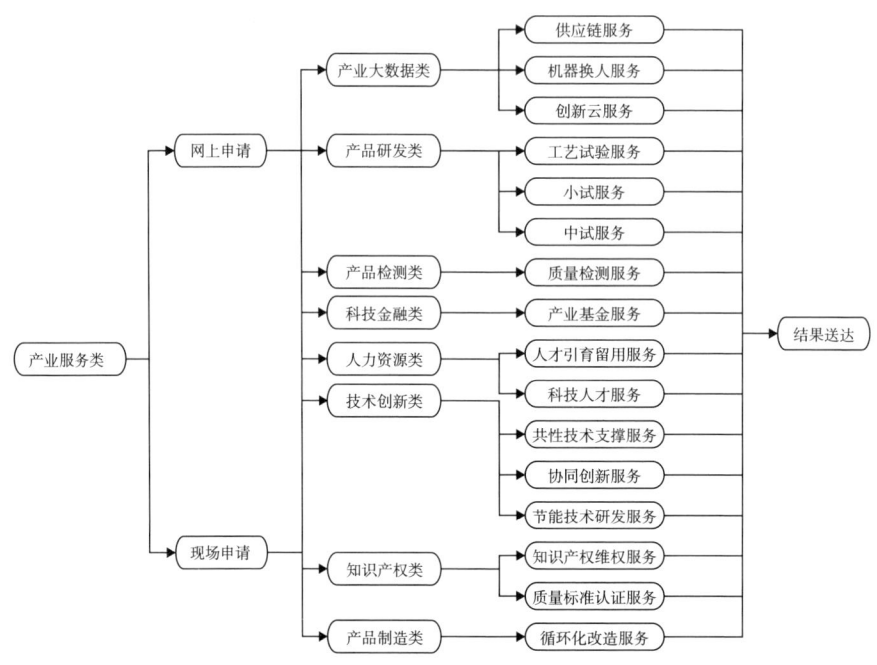

图 4-3　特种纸涉企服务"一类事"流程

3. 推行社区化增值服务模式，实现"全过程服务"

探索企业综合服务中心综合受理、网格全面覆盖、园区快速响应的全链融合服务模式。一是"事项联动"主题服务。依托企业综合服务中心，将特种纸企业获得资金、水电气获取等任务进行模块化处理，列出行政审批领域增值化服务事项清单 100 余项，实行一体化集成组网服务、全流程限时闭环处置、企业诉求舆情监测等系列服务机制。二是"组团联企"网格服务。推行社区化网格化服务模式，制定 3 个模块 16 类标准规范服务清单，建立分级分类服务、常态走访服务、定期工作复盘、人才培养提升等机制，引入中介组织、金融保险、社会组织等社会力量，切实提升企业服务能级。2024 年以来，走访企业 1259 家次，收集企业员工、要素配套、业务拓展等问题 419 个，办结率达 94% 以上。三是"政府买单"共享服务。按照专业服务、资源共享、平台共建的原则，由政府出资打造共享厂房、共享社区、共享维修等增值服务供给系列，推动产业降本增效、协同发展。如以国资参与形式建设"共享厂房"，帮助企业减少非生产性建设投入，压缩时间成本。提供共享办公室、会议室、会客室等公共办公社区，节约空间成本。建立整合多方资源、业务范围广泛的特种纸设备检维修平台，面向所有特种纸企业实行 24 小时响应、2 小时快速上门服务。

（二）地方产业集群政务服务增值化改革的启示及未来展望

龙游县特种纸产业政务服务增值化改革给予赋能块状经济迭代升级、促进产业集群发展的启示有以下几点。

1. 关注企业发展需求，破解产业集聚难题

一是深入了解企业需求。政务服务部门深入了解不同产业的发展现状和实际需求，包括了解产业特点、企业运营流程、面临的困难及政策需求等方面。通过定期调研、座谈会、问卷调查等方式，收集企业反馈意见，为政务服务改革提供数据支持和决策依据。结合"线上＋线下"的助企服务平台，组织行政服务中心人员常态化走访企业，发现企业日常运营中的难点和堵点，并汇总数字化平台上的企业诉求，将问题及时上报相关部门进行会商研判，解决企业问题后定期进行后续走访，始终关注企业发展需求，提升政务服务水平。二是完善工作体制机制。通过加强组织领导，探索形成"基础－服务－路径"的工作框架体系。持续完善问题收集交办机制、清单销号机制、产业链发展运行分析机制和监督机制。由当地政府牵头组织，行政审批中心、重点项目服务中心等部门协同组建"企呼我应、接诉即办"工作组，吸纳懂经济、懂政策、会协调的专业型干部参与到工作组中，以专业人才队伍帮助企业解决困难。三是及时破解产业集聚难题。出台相关规章制度，按照"接到诉求－会商研判－高效办理－过程追

踪－及时反馈－综合评价"的工作流程不断提升为企服务水平，加强对企业需求的深入调查和问题的跟踪督办，创造良好的营商环境。依托"企呼我应"数字化平台，在接到企业诉求后明确专人深入企业详细了解情况，及时解决企业问题。对产业链上下游相关企业信息进行汇总归集，剖析在招商引资、土地使用等各方面的具体问题，由工作组进行难题攻坚，及时破解全产业链发展的难题，营造良好的产业集聚环境。

2. 促进要素资源集聚，打造产业全链集群

一是立足产业优势招商引资。坚持"走出去"和"引进来"相结合，深入分析本地产业发展优势及主导产业发展前景，做好产业链延链补链强链的计划表，根据产业链需求不断创新招商方式，通过以商招商、乡贤招商、点对点招商等多种形式引进优势产业上下游企业。政府出台惠企政策、精简各类事项审批流程、解决企业难题诉求、提升金融服务水平、帮忙解决用工问题等政务服务措施，完善招商到落地流程，以"一站式"服务、全周期跟进等汇聚资金、土地等要素，为企业发展壮大、集聚及打造产业集群提供坚强保障。二是立足产业性状推动产学研一体。根据产业集群性质建设研发平台，按照"政府服务＋企业主导＋创新研发"的模式，优化整合科技企业服务器、众创空间等各类科研平台载体，挖掘当地高校、科研院所等科技创新人才资源，一方面通过构建平台，加大科研人员对企业的帮扶；另一方面通过帮扶企业促进专业人才的培训，加速创新要素集聚，促进产业高新技术的研发，聚焦产业基础薄弱环节，加快补齐产业技术落后短板，引导企业加强对关键技术的攻关，培育更多的产业集群，增强产业链韧性。三是立足产业实际打造集群。根据产业发展需求及实际状况，不断完善金融服务体系、整合土地要素资源、培育本地用工等，为企业发展壮大破解资金、土地、厂房、用工等要素方面的问题。集中服务好潜力大、优势突出的主导产业企业，发挥龙头企业的主导作用，同时持续关注主导产业上下游企业发展状况，为上下游企业提供完善的政务服务，提升产业集群的整体政务服务水平。

3. 提升服务保障水平，扩大产业集群效应

一是规范审批服务流程。政务服务部门根据当地产业发展情况编制政务服务事项目录，明确审批事项的名称、条件、提交材料、程序等，推行并联审批、联合评审等，减少不必要的审批事项，推行网上审批、移动审批等新型审批方式，提高政务服务事项审批效率，通过政务服务平台、政府网站等渠道公开审批过程及结果，确保审批行为的公开性和规范性，推动各类规模的全产业链企业办事服务流程规范化、便捷化，通过"以商招商"等方式扩大良好营商环境影响力，吸引更多上下游企业集聚。二是优化政务服务举措。根据产业需求，政务服务部门可以制定针对性的定制化服务方案。例如，对于新兴产业和高新技术企业，可以提供更加便捷的知识产权保护、技术创新支持等服务。对于传统产业，可以优化升级行政审批流程，降低企业运营成本。同时，针对不同类型的企业，提供差异化的服务策略，确保政务服务精准对接企业需求，延长产业链。强化政务服务数字赋能，鼓励在银行网点、邮政网点、工业园区等地设置政务便民服务点，利用集成式自助终端提供全天候服务。依托全国一体化政务服务平台，聚焦企业跨区域经营需求，推动政务服务事项省内通办、跨省通办，实现数据跨域共享和异地事项"一站式"网上办理，为企业提供便利服务。加强产业数据共享和互通互认，提高政务服务数据的利用率和精准度，为打造特色产业集群的数据归集提供参考。三是加强政务服务监督反馈。加强数字赋能，利用线上服务平台，建立"接诉即办"机制，精准了解产业集聚问题，推动解决企业服务问题。建立健全政务服务评价机制，鼓励企业对政务服务效能进行评价，加强监督，对存在问题及时整改和优化，以优质的政务服务促进产业集聚。

第四节　"智融通道"：打通金融惠企政策"最后一公里"

个体工商户作为市场经济的重要组成部分，对促进经济增长、增加就

业、推动创新等方面具有不可替代的作用。然而，长期以来，个体工商户面临着融资难、融资贵等问题，严重制约了其健康发展。地方政府作为推动经济社会发展的重要力量，通过提供金融政务服务，为个体工商户提供有力支持，成为破解个体工商户融资难题的重要途径。

一、改革背景

（一）从中央到地方出台的各项惠企政策持续发力

1. 党的十八大以来中央多部门出台了各项惠企政策助企纾困

2012—2021 年，国务院及国家发展改革委、财政部等多个部门出台了各种促进企业健康发展、减轻企业负担的政策，见表 4–2。

表 4–2　2012—2021 年我国部分惠企政策一览表

时间	部门	惠企文件
2012 年 4 月	国务院	《关于进一步支持小型微型企业健康发展的意见》
2013 年 2 月	工信部	《关于做好 2013 年减轻企业负担工作的通知》
2013 年 8 月	国务院办公厅	《关于金融支持小微企业发展的实施意见》
2013 年 10 月	国家发展改革委	《关于加强小微企业融资服务支持小微企业发展的指导意见》
2014 年 6 月	国务院办公厅	《关于进一步加强涉企收费管理减轻企业负担的通知》
2014 年 9 月	财政部、国家税务总局	《关于进一步支持小微企业的增值税和营业税政策的通知》
2015 年 5 月	国务院	《2015 年推进简政放权放管结合转变政府职能工作方案》
2016 年 2 月	中国人民银行等八部委	《关于金融支持工业稳增长调结构增效益的若干意见》
2016 年 8 月	国务院	《降低实体经济企业成本工作方案》
2017 年 3 月	财政部、国家发展改革委	《关于清理规范一批行政事业性收费有关政策的通知》
2017 年 3 月	财政部	《关于取消、调整部分政府性基金有关政策的通知》
2018 年 1 月	全国人大常委会	《中华人民共和国中小企业促进法》

时间	部门	惠企文件
2019 年 4 月	国务院	《2019 年全国减轻企业负担工作实施方案》
2020 年 1 月	国务院	《优化营商环境条例》
2021 年 11 月	国务院	《提升中小企业竞争力若干措施》

2022 年后，中央进一步加大了对企业的扶持力度。2022 年 2 月 18 日，国家发展改革委等部门发布《关于促进服务业领域困难行业恢复发展的若干政策》；3 月 1 日，财政部、国家税务总局发布《关于进一步实施小微企业"六税两费"减免政策的公告》；3 月 2 日，财政部、国家税务总局发布《关于中小微企业设备器具所得税税前扣除有关政策的公告》；3 月 21 日，财政部和国家税务总局联合发布公告，明确了小微企业和制造业等行业留抵退税政策，财政部、国家税务总局、中国人民银行建立了落实留抵退税政策三部门会商机制，支持小微企业和制造业等行业发展，提振市场主体信心、激发市场主体活力；3 月 28 日，国资委发布《关于做好 2022 年服务业小微企业和个体工商户房租减免工作的通知》；5 月，财政部印发了《关于进一步加大政府采购支持中小企业力度的通知》，通过降低门槛、保证份额、优化服务，为中小微企业送去"专享订单"。

2023 年 8 月 2 日，财政部、国家税务总局联合发布多个公告，明确一系列支持小微企业和个体工商户发展有关税费政策，进一步为经营主体减负担、增动能；8 月 24 日，财政部发布通知，从及时足额兑现减税降费政策、落实企业担保贷款贴息政策、发挥政府性融资担保机构作用、发挥财政资金引导作用、落实政府采购、稳岗就业等扶持政策、将政府拖欠中小企业账款纳入日常监管等方面，要求各地区支持中小企业发展；9 月，国务院办公厅印发《关于依托全国一体化政务服务平台建立政务服务效能提升常态化工作机制的意见》，要求聚焦企业和群众所思所盼，实现政务服务从"能办"向"好办"转变。

2024 年 1 月 9 日，国务院印发《关于进一步优化政务服务提升行政效能推动"高效办成一件事"的指导意见》，列出"高效办成一件事"2024

年度重点事项清单，深入推动政务服务提质增效；4月21日，二十届中央全面深化改革委员会第一次会议审议通过了《关于促进民营经济发展壮大的意见》，提出"促进民营经济发展壮大，要着力优化民营经济发展环境，破除制约民营企业公平参与市场竞争的制度障碍"；6月11日，二十届中央全面深化改革委员会第五次会议审议通过了《关于完善中国特色现代企业制度的意见》，强调要"尊重企业经营主体地位，坚持问题导向，根据企业规模、发展阶段、所有制性质等，分类施策、加强引导"。

2. 浙江省出台多项惠企政策促进企业健康发展

2016年4月6日，浙江省政府办公厅印发《关于进一步降低企业成本优化发展环境的若干意见》；12月6日，浙江省政府办公厅印发《关于进一步减轻企业负担降低企业成本的若干意见》；12月12日，浙江省政府办公厅印发《浙江省供给侧结构性改革降成本行动方案》。2017年6月4日，浙江省政府办公厅印发《关于深化企业减负担降成本改革的若干意见》。2018年10月3日，浙江省政府办公厅印发《关于进一步减轻企业负担增强企业竞争力的若干意见》。2019年4月15日，浙江省政府办公厅印发《关于浙江省企业减负降本政策（2019年第一批）》。2020年6月28日，《关于进一步助力市场主体纾困促进高质量发展的若干意见》出台。2021年2月7日，浙江省政府办公厅印发了《关于继续实施惠企政策促进经济稳中求进的若干意见》，提出21条促进经济健康发展的措施；6月24日，浙江省政府办公厅印发《关于进一步深化企业减负担降成本改革的若干意见》，出台42条减负降本政策，促进浙江省经济持续健康发展。2022年2月26日，浙江省政府办公厅印发了《关于减负强企激发企业发展活力的意见》，提出8个方面共45条政策力争全年为市场主体减负3000亿元；4月6日，浙江省政府办公厅印发了《关于进一步减负纾困助力中小微企业发展的若干意见》；5月26日，《浙江省贯彻落实国务院扎实稳住经济一揽子政策措施实施方案》发布，从财政支持、金融支持、扩投资、促消费、稳外贸稳外贸、保粮食能源安全、保产业链供应链稳定、保基本民生8个方面提出 38 项措施，促进企业持续发展；6 月 2 日，浙江省供销合作社联合社印发《关于做好社有经济稳进提质工作的通知》，鼓励社有企业根据地方政策规定和自身实际，酌情减免房租、物业费等，助力支持小微企业、个体工商户渡过难关，实际减免的房租、物业费等在社有企业年度考核中可视作利润。

2023 年 4 月 17 日，浙江召开全省营商环境优化提升"一号改革工程"大会，提出"全面推动营商环境再优化再提升，紧扣市场化、法治化、国际化，加快从便捷服务到增值服务的全面升级，坚持缩减环节不停步、政策创新不松劲、解题解难不懈怠，增强政府服务力"；7 月，浙江省印发《关于开展政务服务增值化改革试点的指导意见》，在绍兴、衢州、杭州等 7 个地方开展试点，创新做法，沉淀经验；7 月 26 日，省经信厅印发《关于进一步做好减轻企业负担工作助力营商环境优化提升"一号改革工程"实施方案》，积极推动企业"最多报一次"改革，切实减轻企业负担；9 月 14 日浙江深改委审议《浙江省推进政务服务增值化改革的实施意见》，从指导意见到实施意见，显著提升规格，并提出"要总结提炼、完善提升、复制推广衢州市、杭州市钱塘区政务服务增值化改革经验，明确主攻方向、聚焦关键节点，以更大力度开展改革创新，形成更多创新性举措，打造更多标志性成果"。

2023 年 10 月，浙江省委办公厅、省政府办公厅印发《关于推进政务服务增值化改革的实施意见》，提出继续深化营商环境优化提升"一号改革工程"，推动政务服务从便捷服务到增值服务全面升级，持续提升政府服务，全力打造营商环境"最优省"。之后，《浙江省优化营商环境条例》经浙江省第十四届人民代表大会第二次会议通过，于 2024 年 3 月 1 日起正式施行。

3. 衢州市制定各项惠企措施助企发展

为促进本地企业健康发展，衢州市紧跟中央、省委部署，制定了多项惠企措施。2022 年，衢州市落实《关于应对疫情影响助力复工复产复市若干政策》，出台《衢州市推动工业稳增长降成本三条政策意见》，制定《衢州市推动减负降本政策落实方案》，全力抓好惠企纾困，让企业有实实在在的获得感。2023 年初，衢州出台《衢州市支持企业稳岗留工助力 2023 年"开门红"六条政策》，政策涵盖激励企业扩大排产、引导员工安全有序返岗、保障用工需求、为职工群众开展"迎春送暖"等六方面硬核举措。

2023 年，衢州市成为全省政务服务增值化改革试点之一。12 月 6 日，衢州市"企呼我应"平台正式上线，建立企业诉求"一站式"归集、分类办理的数字化平台，构建高效闭环的服务机制，帮助企业纾困解难。

（二）个体工商户存在融资难的现实问题

根据统计数据，截至 2024 年 6 月底，全国登记在册个体工商户达到 1.25 亿户，占经营主体总量的 66.9％，个体工商户为经济社会发展作出了巨大贡献。一直以来，从中央到地方纷纷出台政策措施，从财税、融资、结构调整、市场开拓、公共服务等方面对企业给予支持，但是由于一系列因素，个体工商户在发展中仍然存在融资难问题。

1. 个体工商户自身素质原因导致其贷款难

一是个体工商户经营稳定性差。个体工商户一般规模较小，且多从事批发零售等行业，产品的可替代性强，没有特色，核心竞争力不足，而低价获得的市场份额难以有效存续，其抗风险能力较差，倒闭或者歇业比例高。一般而言，中小企业的平均寿命为 6—7 年，大型企业平均寿命更高，而个体工商户的平均寿命更短，有学者统计，我国个体工商户的平均寿命只有 2.7 年。这导致银行不敢轻易贷款给个体工商户。

二是个体工商户资金薄弱，抵押不足。个体工商户没有注册资金要求，办理注册个体工商户仅需要经营者姓名和住所、组成形式、经营范围、经营场所等信息，且大部分个体工商户经营场所为租赁使用，不具有土地证或房产证，没有合格抵押物，银行出于风险防范考虑，不愿意贷款给个体工商户。

三是个体工商户的资信状况差。部分个体工商户内部管理不规范，财务制度不健全，随意性大，财务核算不准确或者水分大，现金流、应收账款和存货等信息披露不完整甚至不披露，银行难以掌握其真实经营状况，也影响了其贷款的积极性。此外，部分个体工商户信用意识淡薄，出现经营困难后，不是积极寻求补救措施，而是想方设法拖欠贷款及利息，给银行或者其他信贷机构造成威胁，加剧了个体工商户的贷款难度。

2. 当前经济形势影响个体工商户获取贷款服务

从世界经济形势来看，2024 年上半年，世界经济整体呈现温和增长、缓慢复苏态势。但与此同时，风险和阻力不断积累，变数与波动也有所增多，经济增长前景面临巨大挑战。从我国经济形势来看，我国在复杂的国际环境中持续为世界经济提供稳定动力，为全球发展带来创新动能，为国际合作凝聚共赢合力，但是经济下行压力大，市场竞争加剧的情况不容乐观，影响了企业扩大生产、投入创新的力度，对产品创新等不足，也让个体工商户只能继续批发零售简单商品，从而影响了个体工商户获得政务金融服务的步伐。

3. 现行金融服务匹配度不高

一是传统的金融服务与个体工商户的需求匹配度不高。个体工商户作为最"脆弱"的市场主体，普遍存在小投入、轻技术、少管理、薄利润等问题，对于资金规模、利率、期限、还款方式、时效性等方面都有着差异化要求，与现有的金融服务体系和服务能力不相适应，个体工商户可获得的金融服务较差。如江山市加大对时尚门业智能家居产业、智慧能源装备产业等主导产业重点项目的信贷支持力度，2023 年发放制造业信用贷款30.03 亿元，投放知识产权质押贷款 1.7 亿元，针对企业技改升级发放技改贷 2.94 亿元，不断加大对企业的金融服务支持力度，但个体工商户希望获得的多样化、个性化金融服务需求难以满足。

二是存在数据壁垒，个体工商户与银行之间、不同银行之间、银行与其他金融机构之间未实现有效的数据流通和共享，无法利用大数据等技术对信息进行有效整合和风险控制，制约了针对个体工商户的贷款业务的拓展。

三是针对性的融资服务政策缺少。我国出台一系列有关扶持中小微企业市场主体的政策，但对个体工商户重视程度较低，扶持效果不明显。另外，现有信贷产品的宣传不到位，不少个体工商户不了解信贷产品或其申请方式，难以及时获得融资。

二、江山市"智融通道"打通金融惠企政策"最后一公里"的主要做法

个体工商户作为数量最大、最具活力的经营主体，扎根在国民经济的各行各业，提供了 80% 以上的日常居民生活服务，解决了 30% 以上的就业，成为浙江经济基本盘中的基本盘。2024 年以来，为贯彻落实时任浙江省委书记在省委"新春第一会"上提出的"三支队伍"工作部署，江山市聚焦个体劳动者队伍建设工作，围绕个体工商户办理政务金融业务"多地跑""反复跑"等经营发展的堵点、痛点，通过打通平台政务金融系统、量身定制金融产品、做优个性服务内容等举措，构建金融服务的"智融通道"，全面推进政务金融服务增值化改革，激发市场主体活力，助推个体经济高质量发展。

（一）深化"码"上改革，打造智能化综合服务平台

1. 联通市场监管准入系统与农商行核心业务系统，实现数据信息实时共享

江山市以国家电子营业执照"企业码"集成应用改革试点为契机，通过建立数据交换服务器，构建政务金融服务的线上通道，打通市场监管准入系统与农商行核心业务系统，实现证照信息自动获取，个体工商户在政务窗口领取营业执照后，即可通过手机扫码实现对公开户、贷款授信、收

款码等 10 余项金融业务办理，提升了证照信息的安全性，减少了经营者往返银行的交通成本及在银行排队等待的时间成本，真正实现政务金融服务的一站通办、系统融通。

2. 升级"企业码"与银行二维码"双码合一"，实现金融服务即申快享

在现有"企业码"基础上，融合二维码跳转链、非对称加密等技术，推进"企业码"与银行二维码"双码合一"，市场主体通过扫描"企业码"，在线办理"银行开户""收款码申领""线上贷款"等高频金融业务，企业掌上快捷办理时间较线下节约 70%。

3. 搭建全域覆盖的金融综合服务网，实现政务功能提质延伸

围绕企业群众办事需求，结合乡村振兴、产业发展、民生保障等惠农服务，借助银行网点多、渠道广、服务优的优势，整合镇村便民服务网点资源，开展农村金融综合服务站建设，打造集政务、金融、电商等服务于一体的金融综合服务站。推进政务和金融服务渠道共建共享、服务内容互联互通、便民活动合作联动、数据资源整合共享。目前，已累计打造 116 个集政务、金融、电商等综合服务于一体的金融综合服务站，实现"企业码"乡镇（街道）全覆盖。所有银行营业网点、所有可用的网络平台，都可用于便民服务，政银合力为民提供"电子政务金融服务不出户、基础政务金融服务不出村（社区）、综合政务金融服务不出镇（街道）"的政务金融服务。2024 年以来，累计开展消费者权益保护、食品安全知识宣讲等培训宣讲活动 74 场，代办 1000 余笔营业执照业务，代开税务发票 3000 余笔。

（二）破解融资难题，构建"精准滴灌"服务体系

1. 做准需求文章

一是加强数据采集，全面摸清个体工商户能力素质、技能培训、金融供给、经营状况等现状，动态掌握其职业技能、专项能力培训和融资贷款

等方面的需求。

二是建立常态化沟通交流机制，发挥个体劳动者协会桥梁纽带作用，深入了解个体工商户生产经营中面临的问题和困难。

三是畅通问题咨询和意见征集渠道，线上线下结合，通过调查问卷、"企呼我应"小程序等方式，实时受理、即时研究、及时回应个体工商户发展诉求和意见建议。

四是加强需求对接梳理，建立需求清单、服务清单、责任清单，强化针对性金融知识培训，精准匹配融资贷款产品和服务。

2. 推行无感授信

推动部门与银行信用信息共享，以银行内数据、市场经营流水、诚信商铺等数据信息为基础，科学制定评价模型，赋能系统开展信用评级，生成预授信额度。2024 年以来，完成个体工商户精准授信 574 户，授信金额 13.12 亿元。

3. 出台惠企政策

灵活运用央行货币政策工具和普惠小微贷款减息政策，强化金融机构合作，通过利率特惠政策、发放利率优惠券等形式，有效降低个体工商户融资成本。2024 年以来，已降低市场经营主体融资成本 2500 余万元。

4. 创新产品供给

针对个体工商户金融需求"短、小、频、急"特点，创新提供匹配的信贷产品。

一是创设特色产品，对个体劳动者技术能手、特色产业技能带头人、"师徒工作室"、非遗传承人等，创新推出"技能贷""人才贷""特色小作坊贷""名特优新贷"等特色金融贷款产品。如为江山市横档嫂食品小作坊提供"特色小作坊贷"授信 30 万元用于示范性食品作坊改造提升，2024 年其作品手工芋饺获省农家小吃技能竞赛金奖。提供专属服务，对省先进个体工商户、省最美个体劳动者、"名特优新"个体工商户、"个转企"企业等，提供专属小微金融服务；对龙头型商品市场，开展场景化集群融资授信，加强全生命周期金融支持。

二是精准信用画像，优选信用评价指标、完善"1＋2"小微主体智评模型、金融准入模型、贷款概率模型、预授信模型等，使信用评价更客观，信用画像更精准，授信额度更准确，有效增强个体工商户贷款可得性、便利度和获得感。推出最高额度 500 万元的个体工商户信用贷款，解决融资"无抵押""担保难"的问题，缓解融资难题。

（三）做好资源整合，提升增值化商事服务质效

1. 组建专属化服务队伍

由市场监管局联合农商行组建 7 支"惠商共富小分队"，定期开展市场经营主体大走访活动，全面排查掌握市场主体所需，提供融资诊断、风险评估、金融产品甄别等研判服务，面对面听取市场主体需求，解决企业困难，提供帮办服务。2024 年以来，共联合走访服务 243 户次，化解"套路贷""云养殖"投资等金融风险 5 个，帮助避免损失 50 余万元，为市场主体提供代办营业执照 200 余户，代开发票 2400 余笔。

2. 提供订单式经营培训

针对个体工商户在日常经营、财务管理中遇到的问题，整合培训资源，依托金融机构建设一批培训机构、聘任一支专业知识创业导师、编制一套知识培训教材，结合"创业第一课堂""入市第一课"，开展法律法规、经营管理、安全生产等基础知识培训，帮助个体工商户提升自身经营能力和市场竞争力，培养一批个体经济领域的技能人才、浙江工匠和浙派工匠。2024 年以来，已为新成立的 3000 余个体工商户开展创业培训，组织开展 16 期职业技能专项培训，涵盖特种设备安全、食品安全及野生动物保护等领域，累计参与人数达 2000 余人次。

3. 拓展增值化服务范围

构建政银企交流沟通机制，定期开展投融资座谈会，通过调查问卷、"企呼我应"小程序等方式，形成个体工商户"需求清单、服务清单、

责任清单"，精准匹配融资贷款产品和服务。听取企业诉求，为企业量身定制高价值、个性化的金融服务方案。设置"个转企"服务专窗，安排专人做好政策解读、业务辅导、全程帮办，推进个体工商户无障碍转型。

（四）多方合力推动，打造增值改革工作品牌

1. 健全协作机制

发挥个体劳动者协会对党和政府联系广大个体劳动者的桥梁纽带作用，通过定期会商和数据共享，分析新形势，研究新问题，找准新办法。结合"个体工商户月""三服务"等重大活动，组织各成员单位与企业、个体工商户集中开展见面服务，让优质金融服务直达千企万户。

2. 强化跟踪评价

将个体劳动者金融素养是否有提升、融资贷款需求是否能满足、综合金融服务是否有优化作为评判标准，定期开展专项行动的跟踪、监测、分析、评价，推动形成比学赶超、争先创优的生动局面。

3. 加强宣传引导

及时总结推广改革中涌现出的好经验、好做法，深入挖掘典型案例，多渠道、多角度、多样化讲好政务服务、金融赋能故事。

三、"智融通道"打通金融惠企政策"最后一公里"的经验与启示

个体工商户等作为市场及经济发展的主体，其生存状况和发展态势直接影响着我国经济发展的稳定与繁荣。改革开放以来，面对日益激烈的市场竞争，我国个体工商户等市场主体亟须通过融资获得发展的机遇。党的十八大以来，中央高度重视营商环境优化，出台《优化营商环境条例》，旨在推动政府优化服务改革，有效破解企业等市场主体在市场经济活动中遇到的体制机制的制约障碍。党的十九大提出智慧政府等重要措施后，浙

江省率先全面部署数字化改革工作，从"最多跑一次"改革开始，将数字技术嵌入政务服务创新的全过程，通过流程再造、数字共享，追求服务的个性化和高效化，聚焦企业差异化需求，开始了数字化改革和政务服务创新实践相融合的改革探索，取得了较好成效。随着数字化程度的不断加深，企业等市场主体在不同生命周期会依据行业发展的程度及地方经济发展态势形成新的政务服务需求，当前，迫切需要解决个体工商户融资困境，政府部门要发挥"有形的手"的作用，积极采取相应对策和举措，帮助引导银企双方建立良好的融资合作机制，形成双赢的局面。政府方要发挥"有形的手"作用以实现多赢，要以政务数据为基础构建金融服务平台，从而实现信息共享，要着力引导和培育个体工商户形成有效信贷需求，金融监管部门要引导银行方主动精准发力。

（一）主动精准满足企业个性化融资需求

市场主体更期待具有针对性的营商环境。数字化改革最早通过数据共享，开始尝试为企业解决一些常规性服务内容。但社会化市场化服务分散且未整合的现状，导致政府提供的原有惠企政策逐步达到临界点，对企业经济高速增长的拉动力在递减，迫切需要政府满足企业多元化的需求，建立"用户导向"价值理念。同时，单纯提高审批速度已不能满足企业等市场主体的需求，亟须政府发挥行政职能，为企业等市场主体提供更加精准、差异化的服务举措，在服务理念上由政府治理逻辑转为"用户导向"，推动企业等市场主体所处行业的产业发展。从政治逻辑上看，江山市政务服务增值化改革的实践关系到江山市营商环境优化的工作绩效。同时，浙江省对衢州市政务服务增值化改革寄予厚望。2024年4月19日，时任浙江省委书记调研衢州地区深化政务服务增值化改革和"企呼我应"平台建设情况后，给予高度评价，指出企业综合服务中心要进一步强化服务意识，提升能力本领，练就打硬仗攻坚仗功夫，真心实意为企业排忧解难，全力以赴助企业创新发展，更好形成优质项目、人才、资源集聚效应，更大力度助力高质量发展。基于经济和政治逻辑的互动作用，江山市政务服务增值化改革在政务服务供给上实行以市场为主体的"用户导向"服务模式，并逐步形成了内生响应机制。江山市"智融通道"激发市场活力的实践中，无论是加强数据采集，全面摸清个体工商户的现状，还是建立常态化沟通交流机制，建立线上线下的问题咨询和意见征求渠道，都是为了满足中小企业的个性化需求，提供金融政务精准服务。

（二）推进金融政务服务平台构建以实现信息共享

营商环境优化的探索实践在近年来取得了显著的成绩，但治理的碎片化、传统的科层管理机制等一系列问题仍在掣肘行政效能的提升。从信息政策到政务信息化再到政府数字化治理，在市场需求驱动下，"数字"从被应用到嵌入再到赋能"治理"，形成并改进了政府与公民、政府与社会的互动方式，为建立政府与公民与市场的新的制度链提供了推动力。从江山市构建金融服务"智融通道"，全面推进政务金融服务增值化改革中，数字技术在营商环境领域的深入应用大大提高了政府绩效。数字化使公共治理的空间变迁为物理、社会、数字交互重叠的三维空间。数字空间在改变组织结构、组织架构、治理流程的同时，会提出构建新的治理模式、价值的需求等。但是，营商环境的优化并不是简单地将数字赋能于应用场景，而是从根本上破除体制机制的障碍，重塑起与生产力和生产关系相适应的制度体系，从而为数字赋能进一步发挥功效提供制度保障。从理论上看，数字赋能与制度重塑在逻辑上是互相推动，但在政务服务过程中，数字赋能与制度重塑却常常以冲突的方式存在。从实践上看，2023年10月，浙江省委办公厅、省政府办公厅印发的《关于推进政务服务增值化改革的实施意见》明确，政务服务增值化改革通过制度创新、数字赋能双轮驱动，对政务服务体制机制、组织构架、方式流程、手段工具等进行的变革性重塑。因此，在营商环境优化过程中，数字治理和制度重塑并非机械地连接，而是需要双向调适。基于经济政治双重权衡下，一方面通过数字赋能，即依靠数字技术赋能政务服务，通过流程再造等推动政务服务的创新。另一方面政府通过机构设置、权力配置等多元主体多种途径创新形成的临时性调适内化重塑为新的制度并形成长效机制，以提高行政效能。

（三）探索服务、评估、监管相融合的机制模式

江山市政务金融服务增值化改革中，政务服务增值化改革要创新服务形式，探索服务、评估、监管相融合的机制模式，将评估、监管纳入企业综合服务过程中，有效推动涉企问题的高效处置。如针对个体劳动者的政务金融服务站中，强化跟踪评价，第一时间了解个体劳动者对政务金融服务是否满意。在政务金融服务过程中，按照"企业提、部门办、纪委督"的原则，在"企呼我应"平台嵌入监督模块，"企呼我应"平台分办交办的问题在第一时间通过"浙政钉"即时推送给联系承办部门的纪检监察组织，全流程可看可查可追溯，便于各纪检监察组织督查督办和追责问责。对于涉企问题的办理情况，纪检监督既可全程关注，也可做好"打补丁"的工作，发现哪里不对、哪里有苗头性问题，就重点往哪里盯。同时建立"绿黄红"三色预警、三级分类监督机制。对正常流转的"绿色"件，日常监督跟进；对不满意件、超期办结、二次交办、领导批示的，升级为"黄色"件，"室组地"联动开展监督；对存在作风和腐败问题的，升级为"红色"件，启动快查快办程序，强化问责问效。针对解决交办事项不落实、催办作用难发挥、牵头协调欠主动等问题，按照"谁主办、谁牵头"的原则，明确监督职责，由联系主办单位的纪检监察机构作为"主监督"，联系其他责任单位的其他纪检监察机构作为"次监督"，日常监督由"主监督"负责统筹。通过"主监督""次监督""总监督"制度设计，让纪检监督闭环真正闭环起来，并且用纪检监督闭环去加固问题处置闭环，让"双闭环"真正起作用。

政务金融服务增值化改革不仅是以数字赋能应对短期的具体挑战，还要从长远角度思考政府如何以市场需求为导向发挥其制度优势，将线上的

平台办理和线下的面对面办理场景打通，在地方政府统一领导下带领各有关部门统分结合、协调配合，创新涉企问题高效处置的新型组织形式和载体，最终实现政务金融服务增值化改革的制度重塑。

第五节 "一站式"法治服务：构建涉企法护营商新生态

优化营商环境是全面深化改革、实现高质量发展的必然选择，也是推进国家治理体系和治理能力现代化的重要任务。健全的法治环境是打造营商环境的重要环节，只有稳步推进法治服务增值化改革，为企业提供更加优越、高效的营商环境，才能助推企业高质量发展，实现经济可持续发展。

一、改革背景

（一）政策背景

营商环境是指市场主体在市场准入、生产经营、市场退出等过程中涉及的政务环境、市场环境、创新环境、法治环境、平安环境、生态环境、人文环境等有关外部因素和条件的总和，反映的是市场主体到某一地区从事生产经营等商事活动的难易程度，将直接影响一个地区的招商引资。营商环境越好，越能激发市场活力和创造力，对企业投资吸引力越大；反之，则排斥力越大。可以说，营商环境已经成为经济社会发展的"助推器"，能不能增强发展动力、保持发展后劲，实现高质量发展直接受制于营商环境能否改善。良好的营商环境对于经济发展的重要性日益凸显。营商环境的脉络，具有多维性、体系性，其以客观存在条件为指向，需要系统把握。营商环境主要包括经济政策的明确性、要素供给的支撑性、政府服务的便利性、法治体系的完备性、要素资源的流动性、市场体系的公平性及市场准入的统一性。营商环境是经济综合竞争力的重要指标，也是国家治理体系和治理能力现代化的一个重要方面。在价值意义上，营商环境可以视为政府提供的公共产品，这种公共产品具有制度性、持续性。营商环境可以进一步区分为监管环境、服务环境、文化环境等，其核心要点是逐步形成多维的制度环境。在这种制度性条件下，不确定性减少，政企之间实现了良性互动，有助于明确政府职能和优化政府服务。

法治化营商环境，就是要在营商环境建设过程中秉承法治，将经济交往的重要环节融入法治，为市场主体各项权益提供平等及全方位的保护，帮助其打造更为公平有序的市场秩序，为其开展公平商事交往形成制度化、系统化、规范化的法治氛围及社会意识。

习近平总书记指出，法治是最好的营商环境。法治化营商环境的优化是整体改善营商环境必不可少的重要环节，也是促进全面依法治国和营造营商环境有机统一的必然要求。从法治化营商环境的提出（党的十八届三中全会）到打造法治化、国际化、便利化营商环境的明确（党的十八届五中全会），再到"持续营造法治化营商环境"，可见法治化营商环境在我国的地位之高，已经上升为国家政策。法治对推动经济持续稳定发展具有重要意义，优化法治营商环境就是推进其法治化建设，有利于打造更加公平开放透明的市场秩序，从而发挥市场的正向激励作用。党的十八大以来，习近平总书记围绕"法治化营商环境"发表了一系列重要论述，党的二十大报告再次强调"营造市场化、法治化、国际化一流营商环境"，勾画了法治与优化营商环境的紧密关联，对于在法治轨道上优化营商环境具有根本性的指导意义。为了更好地推进民营经济发展，为企业提供司法保障是关键。改革开放以来，我国民营企业的营商环境在逐步改善，但是一些民营企业在发展的过程中受到了不公平的对待，在市场准入、竞争环境等方面仍存在着制约其发展的因素。因此，营商环境法治化首要实现的就是公开透明，从而提升民营企业的安全感和积极性。

民营经济是浙江省经济的特色和优势，一个重要原因就是坚持市场化、法治化、国际化的改革方向，推动多种所有制经济的共同发展，特别是民营经济的快速发展，在经济机制方面营造了先发性优势。2023 年 4

月，浙江召开全省营商环境优化提升"一号改革工程"大会，提出紧扣民营经济发达这一特点，"全面推动营商环境再优化再提升，加快从便捷服务到增值服务的全面升级，坚持缩减环节不停步、政策创新不松劲、解题解难不懈怠，增强政府服务力"。在行政话语体系中，被冠以"一号工程"往往是地方政府主要领导亲自谋划并直接推动的工作任务，处于地方政府治理目标序列中的第一优先级。浙江省在精准服务、个性服务、衍生服务上下功夫，推动从便捷服务到增值服务的全面升级，通过持续优化企业全生命周期全链条服务，进一步坚定民营企业信心、激发民营经济活力。2023 年 7 月，浙江省印发《关于开展政务服务增值化改革试点的指导意见》，以期创新做法、沉淀经验。9 月，浙江省委全面深化改革委员会第七次会议，对全省推进政务服务增值化改革实施意见进行审议，并强调要充分发挥政务服务增值化改革牵引作用，以改革攻坚推动民营经济高质量发展。10 月，浙江省委、省政府在试点地区衢州召开全省现场会，对全面铺开这项改革作了部署，会上《关于推进政务服务增值化改革的实施意见》正式印发。政务服务增值化改革的定义也得以通过正式文件在全省范围内明确。政务服务增值化改革是指党委政府为促进企业降低成本、增加收益、强化功能、加快发展，通过制度创新、数字赋能双轮驱动，政府、社会、市场三侧协同，进一步优化基本政务服务、融合增值服务，对政务服务体制机制、组织架构、方式流程、手段工具进行的变革性重塑。聚焦法治领域，2024 年 1 月，浙江省委全面依法治省委员会第六次会议审议通过了《涉企法治服务增值化改革工作方案》，深入推进涉企法治服务增值化改革，进一步形成涉企法治服务新机制，打造营商环境优化"浙江模式"。法治服务增值化是贯彻落实中央关于营造市场化、法治化、国际化一流营商环境重要指示精神的创新实践，是营商环境优化提升"一号改革工程"的重要牵引性抓手。

（二）现实背景

党的十八大以来，我国营商环境得到了极大改善。面对复杂的经济形势，营商环境还需要进一步优化。《优化营商环境条例》第四条明确指出："优化营商环境应当坚持市场化、法治化、国际化原则。"其中，市场化是核心、法治化是保障、国际化是对应之标准，目标是营造"稳定、公平、透明、可预期的良好环境"。显然，法治化既是优化营商环境的目标所在，也是优化营商环境的重要手段。这要求运用法治思维和法治方式来优化营商环境。在这个过程中要抓住营商环境优化的关键问题，并以符合法治逻辑的策略来处理。要明确行政手段和市场自发调节之间的关系，以市场化为导向，逐步消除不利于营商环境优化的体制机制障碍，提升经济运行的活力和创造力。

近年来，民营企业推动了县域经济的发展，是县域经济的重要组成部分，但民营经济发展仍需要彻底打破"公有制与私有制的身份歧视"，营造公平竞争的市场环境，不断提升民营企业家的安全感、积极性和创造性。法治化营商环境为民营企业的健康发展奠定了坚实的环境基础。但在基层实践中，仍能发现法治化营商环境还存在一定的问题。

1. 政策法规不完善

当前，尽管我国在推动法治化营商环境方面取得了显著成就，但仍存在一些问题，其中之一是政策法规不完善。具体表现为，现有法律法规在适应市场经济发展需求、保障市场主体权益等方面还存在一定不足。第一，现有法律法规与市场经济发展的速度和深度不完全匹配。新经济、新产业、新业态等新兴领域的法律法规尚未完善，给相关市场主体带来了不必要的法律风险和不确定性。第二，政策法规制定不够系统、完整和协调，存在一些重复和矛盾的规定，给市场主体带来了困扰和不便。此外，还有一些政策法规在执行中存在漏洞和不足，导致其无法有效保障市场主体的合法权益，需要进一步完善和改进。我国现行法律对商事纠纷的解决方式规定为诉讼、调解、仲裁，从形式上看关于涉及民营企业纠纷解决机制是多元化的，但是这些纠纷解决方式之间未能得到有效衔接。多元化的纠纷解决方式虽然从表面上扩大了司法保障的范围，但从实际上分散了司法保障的力度，无法充分发挥司法对民营企业的保护作用。

2. 执法力度不足

执法部门的能力和素质存在一定的差异。首先，基层政府在执法方面存在能力不足、理论水平不高、操作不规范等问题，导致执法的质量和效率不高，难以有效打击违法行为，使市场主体感到不公正。其次，执法部门在执行中存在一些问题，如依法行政的意识不强、执法标准不一致等，这些问题使执法结果不确定，导致市场主体的合法权益无法得到有效保障。一方当事人到法院起诉是最常见的纠纷矛盾解决方式，而此类纠纷多集专业性、技术性、复杂性于一体，这就要求司法人员既要具有司法能力，又要具备一定领域的专业知识，要求审判工作专、精、细。随着民营经济快速发展，涉企买卖合同纠纷案件多发，商事调解组织尚未建立，人民调解员专业水平不高，万人成诉率高，矛盾纠纷预防化解机制有待完善；普法主体责任落实不到位，企业防范法律风险意识能力有待加强；执法部门的监督机制不够健全，监督力度不足，使一些执法部门在执法过程中出现不当行为时难以得到有效惩戒，影响执法的公正性和权威性。

3. 服务质量亟待提高

首先，在服务过程中，缺乏服务意识，对市场主体的需求和诉求不够重视，给市场主体带来麻烦和困扰。其次，服务标准不一致。不同地方和部门对服务标准的理解和执行存在差异，导致市场主体在不同地方和部门之间面临不同的服务标准和质量，给市场主体带来了不便和损失。最后，一些服务部门的服务流程不够规范化和标准化，导致服务效率低下，服务质量差，影响市场主体的正常运营和发展。一些部门、单位对法治化营商环境建设的目标、任务、职责和工作要求认识较为模糊，对如何优化提升法治化营商环境的思路不够清晰。在实际工作中，无论是司法机关，还是政府部门，都在一定程度上存在单打独斗、各自为战的问题，整体统筹推进的机制不健全，合力不够。此外，政法部门服务保障民企的主动性积极性不够，能力水平有待提升。少数干警对服务保障民营企业的重要性认识不足，积极主动作为的劲头不够。闭门办案多，主动深入企业调研少，对民营企业的了解不够深入。服务保障民营企业的精准性、实效性有待加强。如对涉企纠纷现状、原因及法律问题分析研究不够深入，没有形成针对性的解决方案。

法治环境不仅是营商环境的重要组成部分，宏观的营商环境同时也把法治化作为其优化的目标。推进法治增值服务，一方面有利于深入推进政务服务增值化改革。法治服务是政务服务增值化改革的重点领域之一，涉企法治服务增值化改革是政务服务增值化改革的重要组成部分。通过法治支撑赋能作用，以强法治营造一流创新环境、营商环境、开放环境，为政务服务增值化改革提供法治保障。另一方面有利于推动形成涉企法治服务新机制。坚持企业需求导向，通过制度创新、数字赋能双轮驱动，政府侧、社会侧、市场侧三侧协同，进一步优化基本法治服务、融合增值服务，对涉企法治服务的体系、载体、场景、机制等进行变革性重塑，推动构建普惠基础上的市场化的涉企法治服务新生态。围绕企业全生命周期、产业全链条，集成关联高频法治服务事项，为企业和群众提供"一站式"法治服务，可以有力赋能企业降本增效，最大限度利企便民，不断增强企业和群众办事满意度、获得感。

二、主要做法

高质量发展是全面建设社会主义现代化国家的首要任务。随着我国进入新发展阶段，优化政务服务、提升行政效能是转变政府职能、优化营商环境的题中应有之义，对于推动政府治理能力现代化、加快构建新发展格局具有重要意义。政务服务改革既是政府职能优化与内部协调运转的前置条件，也是提升人民群众获得感的必然要求。2023 年，常山县在全省率先成立的民营经济司法服务保障中心，坚持"以服务民营经济高质量发展为中心，全时空司法保障在身边，全天候司法服务在身边"定位，着力打造服务民营经济"第一窗口"，始终以企业需求为导向，暖企、爱企、护企，形成了"三窗"普法宣传、"三商"多元解纷、"三诊"专项服务的司法服务特色品牌，让企业放心投资、安心经营、专心创业，见表4-3。

表4-3　常山县民营经济司法服务保障中心增值服务清单一览表

序号	基本服务	增值服务项目	预约式增值服务
1	立案	送法入企	诉前司法鉴定
2			合同模板提供
3			域外法查明
4			法治宣传服务
5			企业风险诊断
6	审理	在线诉讼	专项诉讼辅导
7			涉外民商事审判
8	裁判	合规指导	专项合规改革
9		诉前调解	早期中立评估
10	执行	不动产拍卖一件事	一键查封
11		车辆司法拍卖辅助事务集成	云执车
12		自动履行正向激励	企业信用修复

（一）综合集成、管理赋能，放大解纷资源集聚效应

一是实行"一站通办"。坚持便企利企导向，中心设立集咨询、立案、保全等7项功能于一体的企业服务专窗，内置专业审判庭、执行接待室、破产企业管理人办公室等功能区，并开通立、审、执、破全流程涉企纠纷"绿色通道"，为企业提供立案登记、诉调对接、司法确认、财产保全、司法鉴定、专项审判、执行接待等全方位快捷司法服务。二是推行"一队专管"。择优选派2个民事审判团队、2个执行团队、2个调解团队进驻，包含2名员额法官、4名调解员、3名工作人员及2名轮值法警。同时，积极争取银企纠纷类、劳动争议类、证券保险纠纷类等各类常见的涉企纠纷调解组织进驻，组成"2+2+2+N"民营经济司法服务保障队伍，切实提升"一揽子"解决涉企纠纷的能力。三是探索"一体管理"。探索"前导、中审、后督"工作模式，前端加强对调解团队的业务指导，实现60%的案

件通过诉前调解解决；中端建立案件繁简识别分流机制，采用简案快办、难案精办、类案统办的方式，集约化审理涉企案件，缩短案件办理期限；后端加强与执行团队执前督促的衔接，推动案件执前化解，涉企执行案件同比下降12%。

（二）多方联动、机制赋能，放大改革创新叠加效应

一是创新中立评估机制。建立早期中立评估机制，法院、司法局、工商联联合发布选聘行业专家、律师、基层法律工作者进入"中立评估人才库"的公告，择优聘任6名专职律师、4名涉诉集中行业的企业技术骨干担任中立评估员。出现案件双方分歧较大、未聘请律师等不利于事实查明和法律适用的情况时，双方可自愿申请评估，共同选定评估员参与听证，对案件处理结果进行评估预测，有效增强调解意愿，实现调解率和服判息诉率双提升。评估员累计协助化解纠纷108起，调解结案率同比上升25%，服判息诉率同比上升5%。二是建立信用修复机制。严格审慎适用失信名单制度，开展必要性审查；对已纳入名单的，定期检查是否存在重复录入、已履行未删除等情况；对积极纠正失信行为的企业，及时出具《自动履行证明书》，并定期将守信履行企业名单推送至市场管理、税务等部门和金融机构，在政府采购、招标投标等领域凸显自动履行正向激励作用，共出具90份《自动履行证明书》，帮助38家守信企业修复信用。三是畅通信息共享机制。密切与开发区管委会协作，签订合作框架协议，建立重大案事件会商通报、信息共享、预警研判、联合调处等工作机制，加强信息互通、联动协调，共同帮助企业解决难题20个。双方定期就园区内企业涉诉信息、执行信息、欠薪情况等共享数据300余条，联合制定企业健康指数评分规则，定期将150家规模以上企业涉诉情况进行量化赋分，护航企业健康发展。

（三）职能延伸、服务赋能，放大助企窗口示范效应

一是释放"三窗"普法效能暖企。以"窗口效应"带动"品牌效

应"，通过开设企业"法治云课堂"打开普法之窗，解读"典型案例"打开司法之窗，以发布"法律风险预警"打开信息之窗，延伸民营企业司法服务触点。汇编示范性合同文本24份，印发涉企法律风险问答手册500余册，发布营商环境审判白皮书及优化提升法治化营商环境典型案例10个，发出法律风险提示20次，提高企业防范化解风险能力。二是构建"三商"解纷模式惠企。与司法局、工商联共同出台提升法治化营商环境实施意见，建立联席会议机制、纠纷引导机制、诉调对接机制等十项联动机制，共同在中心成立"商会共享法庭""商事纠纷人民调解委员会""商会调解工作室"，聘任商事纠纷特邀调解员7名，形成"庭务主任＋人民调解员＋特邀调解员"递进式涉企矛盾纠纷分层过滤体系，累计化解涉企纠纷426件，降低企业涉诉成本80余万元。三是开展"三诊"专项服务助企。制定民营企业法律风险诊断"1＋1＋1"行动方案，在微信小程序上线"企业法律风险智能诊断工具"，以在线测评方式对企业内部治理、经营活动、劳动用工、融资活动及破产程序等环节进行风险评估，企业通过扫码即可实现"在线智诊"。同时，审判团队定期针对某一行业进行"专项巡诊"，联合税务、市场监管等多部门上门开展"专家会诊"，三管齐下助力企业健康运行。首期向县商用冷柜行业协会8家企业送达《企业法律风险诊断报告》，有效化解各类行业经营风险40余个，挽回企业各类经济损失500余万元。

三、主要成效

常山县民营经济司法服务保障中心的成立，是对习近平总书记"法治是最好的营商环境"重要论断的深入贯彻。这一举措表明，政府通过强化法治建设，能够有效提升营商环境的软实力，为民营企业创造更加公平、透明、可预期的法治环境。这种环境不仅有助于降低企业的运营成本，增强企业的投资信心，还能激发市场活力，推动经济持续健康发展。

（一）司法资源下沉，打通服务"最后一公里"

民营经济司法服务保障中心通过司法资源下沉，将司法服务直接送到企业门口，实现了案件审理在一线、司法服务在一线、法治宣传在一线。这种"面对面""零距离""一站式"的服务模式，极大地缩短了企业与司法机构之间的距离，提高了司法服务的效率和便捷性。不仅解决了企业在经营过程中遇到的实际法律问题，还增强了企业的法治意识和自我保护能力。

（二）全链条司法服务，构建多元化解纷机制

民营经济司法服务保障中心提供了诉前调解、司法确认、财产保全、专项审判等全链条司法服务，构建了多元化解纷机制。这种机制有助于在纠纷发生的早期阶段就介入调解，减少诉讼成本和时间，提高纠纷解决效率。同时，通过司法确认程序，赋予调解协议强制执行力，保障了调解结果的权威性和有效性。此外，民营经济司法服务保障中心还设立了商事纠纷人民调解委员会和商会调解工作室，吸纳了优秀企业家、商会会员等参与涉企纠纷的指导调解，进一步丰富了调解资源，增强了调解的专业性和针对性。

（三）创新法律服务工具，提升服务精准度

民营经济司法服务保障中心上线了"企业法律风险智能诊断工具"，为企业提供扫码"在线智诊"、审判团队"专项巡诊"、多部门联合"专家会诊"服务。这一创新举措使得企业能够便捷地获取专业的法律风险评估和建议，有助于企业及时发现并防范法律风险。同时，通过多部门联合会诊，能够为企业提供更加全面、专业的法律服务，提升服务的精准度和有效性。

（四）强化信用修复机制，激励企业主动履行义务

民营经济司法服务保障中心依托信用修复机制，对于符合法定条件的

案件，及时屏蔽、删除失信信息，对积极纠正失信行为的企业出具《自动履行证明书》，并定期将守信履行企业名单推送至市场监管、税务部门及金融机构。这一举措不仅激励了企业主动履行义务，降低了司法成本，还有助于构建诚信社会，提升整个社会的法治化水平。

（五）营造良好氛围，提升法治化营商环境影响力

自民营经济司法服务保障中心成立以来，得到了多家媒体的关注和报道。这些报道不仅展示了中心在优化营商环境、提升法治化水平方面的积极探索和显著成效，还提高了公众对法治化营商环境的认识和重视程度。这种正面的舆论氛围有助于进一步推动法治化营商环境的建设和发展。

四、经验启示

党的二十大报告指出，"完善产权保护、市场准入、公平竞争、社会信用等市场经济基础制度，优化营商环境"。这一论断为建设高水平营商环境提出了具体要求，也为思考营商环境的司法机制、探索司法在优化营商环境中的作用锚定了总体方向。在此基础上，分析研讨营商环境与司法的内在关系，有助于更全面、更深刻地理解当前法治化营商环境建设的司法进路。常山县打造民营经济司法服务保障中心，在增值法治服务方面取得的显著成效，不仅为当地民营经济的发展提供了强有力的法治保障，也为其他地区优化营商环境、提升法治化水平提供了宝贵的启示。

（一）坚持企业需求导向

公正稳定的法治保障环境是市场经营主体投资兴业的支撑。市场风险与收益并存，市场经营主体的第一需求是安全，包括人身安全和财产安全等，只有在安全得到保障的基础上才会进一步追求收益。法治是最好的营商环境，能够使市场生产经营活动遵循具有公信力的制度和规则，约束市场交易行为和政府管理行为，降低交易风险，稳定安全与收益预期，提升

投资信心。深入了解企业的实际需求是民营经济司法服务保障中心涉企服务增值化改革的基础。政府和相关服务机构应通过多种渠道收集和分析企业需求，将企业需求转化为具体的服务清单。同时，定期评估和调整服务内容，确保服务始终与企业需求相匹配。民营经济司法服务保障中心通过政府简政放权，优化服务，为企业提供了一流的法治环境。通过推行"一窗受理、一网通办"等便利化服务措施，为企业降低了制度性交易成本，让企业在市场竞争中轻装上阵。

（二）加强多方协同合作

涉企法治服务增值化改革需要政府、法律服务机构等多方的共同参与和协同合作。在民营经济司法服务保障中心中，各部门明确职责分工，形成合力，共同为企业提供优质高效的法治服务。构建法治化营商环境指标体系，从完善涉企制度体系、规范行政执法监管体系、强化司法服务保障体系、提升优质法律服务供给和提高企业的满意度等方面评价法治化营商环境，具体涵盖企业需求、政务服务、制度建设、法治保障、矛盾纠纷化解、权力监督等指标。推进营商环境监督主体多元化，构建多主体协同的监督制约体系。立法机关要持续完善法律监督机制建设。行政机关要完善权力清单制度，减少对企业生产经营的不当干预。司法机关要独立行使审判权，优化营商环境司法服务，健全对破坏营商环境和侵害企业利益行为的监督问责。

（三）注重线上线下一体化服务体系建设

线上线下一体化是涉企法治服务增值化改革的重要趋势。政府和相关服务机构应充分利用互联网技术打造线上线下相结合的服务体系。通过线上平台提供便捷、高效的服务；通过线下中心或园区提供面对面的咨询和服务。同时要注重线上线下服务的衔接和协同，确保企业能够随时随地获取所需的法治资源。

（四）创新服务场景和服务机制

涉企法治服务增值化改革应关注企业全生命周期和产业全链条的需求变化，不断创新服务场景和服务机制。例如，针对企业设立、运营、退出等不同阶段提供针对性的法治服务；针对产业特点和发展趋势定制个性化的服务方案。深化重点领域和关键环节的改革创新，以经营主体和企业需求为导向，细化、量化政务服务标准，积极推行当场办结、一次办结、限时办结等制度，不断优化营商服务。建设数字法治政府，大力推进"互联网＋法治服务"，提高企业办事便捷度和政府现代化治理能力，满足企业的多元化需求，推动产业的持续健康发展。

（五）建立高效闭环的服务机制

高效闭环的服务机制是涉企法治服务增值化改革的重要保障。政府和相关服务机构应建立完善的需求收集与反馈机制、多方协同解决机制及服务评价与监督机制，确保涉企问题能够得到及时、专业的解决。通过高效闭环的服务机制，不断提升服务质量和效率，增强企业的满意度和获得感。大力推进严格规范公正文明执法，实行清单化和项目化管理等创新做法，创新完善执法方式，不断提高执法能力。公平、公正、合理行使行政处罚裁量权，创新推进柔性执法，为各类经营主体投资兴业营造公平、透明、可预期的良好环境。

第五章

衢州政务服务增值化改革的整体成效

政务服务增值化改革是浙江省委、省政府秉承"以人民为中心"思想，赓续"八八战略"蓝图，深入贯彻省委、省政府实施营商环境优化提升"一号改革工程"决策部署，满足人民群众需求的实践探索和创新举措。党的十八届三中全会以来，浙江以方便群众和企业办事为切入点，深入推动"放管服"改革，不断推动营商环境建设，政务服务工作在减环节、减材料、减费用、减时限等方面取得了明显成效，很多高频事项已实现"零跑腿""零材料""全程网办""智能秒办"。然而，随着政务服务不断高效化和便捷化，对于广大市场经营主体而言，单纯追求审批速度获得感已不强，改革边际效益也在逐渐降低。同时，面临传统产业转型升级、新兴产业培育壮大的发展关键期，各类市场主体对政务服务的需求逐渐超出所提供的传统事项清单，亟须政府提供更多的专业服务，如中介、金融、人才、科技、法律等。

面对新形势新需求，为企业提供精准化、个性化服务的高效衍生政务服务形式——政务服务增值化改革也就应运而生。2023 年 7 月，浙江印发《关于开展政务服务增值化改革试点的指导意见》（以下简称《指导意见》）。试点地区围绕《指导意见》部署，按照试点任务创新开展政务服务增值化创新。它以服务对象需求为导向，对政务服务体制机制、组织架构、方式流程和手段工具等方面进行多元化的变革性重塑，整合政府、市场和社会多方资源，通过拓展延伸涉企服务链，直接为企业提供高效、精准、个性的政务服务。自这项改革实施以来，各市、县积极探索，政务服务增值化改革从试点先行到全省推开，取得了一定的成效。2023 年 10 月，李强总理在杭州市钱塘区企业综合服务中心调研政务服务增值化改革，给予充分肯定。2024 年 1 月，改革经验做法被国务院办公厅吸纳进《关于进一步优化政务服务提升行政效能 推动"高效办成一件事"的指导意见》。[①]

为检验政务服务增值化改革是否实现政务服务效能的提升，适应当前营商环境建设、适应企业发展的多维需要，本章将对增值化改革在衢州地区的整体成效进行专项评估。通过运用网络调查、现场调查、大数据分析等实证研究方法，结合各级各部门改革督察、考核情况，对政务服务增值化改革成效尤其是企业的获得感和满意感，进行实证分析和测评，以期回答：企业对政务服务增值化服务的体验和评价究竟如何？如何提高公众满意度以达到公众预期？评估坚持科学性、客观性和实效性原则，以人民群众获得感为主要衡量标准，在充分调查研究改革推进情况的基础上，设计相应的评估指标体系，为进一步完善相关政策措施、制度设计及改革工作提供参考依据。

第一节　政务服务增值化改革成效的评估方法

为保证评估结果的准确性和科学性，使评估有效反映政务服务增值化改革的本质特征、企业办事结果和体验的获得感、满意感，本评估采用多维度、全方位评估方法，尝试从"价值需求 – 制度创新 – 数字赋能"三维一体的分析框架来对政务服务增值化改革的整体成效进行评估，主要分为以下三个部分。

第一，以企业满意度作为"价值需求"实施成效的评估标尺，主要了解政务服务增值化在服务层的实施效果。"价值需求"强调通过准确识别企业需求的动态变化来确保政务服务供给能够进行精准匹配。而"顾客满

---

① 《国务院关于进一步优化政务服务提升行政效能 推动"高效办成一件事"的指导意见》，中华人民共和国中央人民政府，https://www.gov.cn/zhengce/content/202401/content_ 6926255. htm。

意"（又为"用户满意"）概念最早由美国学者 Cardozo 引入市场营销领域，指顾客对企业所提供的产品或服务满足其要求的程度。[①] 通过以心理学的两个分支理论（"反差"理论和"不一致"理论）为理论基础，他利用实验法通过控制样本的产品期望和购买努力等因素，构建满意模型，为后来的研究者提供了测量满意模型的雏形。[②] 国内外许多学者对满意度测量模型构建进行了大量深入的研究和探索，期望不一致模型是其中之一。Olshavsky 和 Miller 发表的"顾客期望、产品绩效与感知产品质量"[③] 和 Anderson 发表的"顾客不满意：期望与感知质量不一致的效应"等文[④]均考察了期望不一致理论的基本框架。

期望不一致模型认为，顾客对服务的实际感知与其心理预期的差值是一种心理感受，反映了顾客内心所认为的产品或服务是好还是坏，包括满意、适度满意和不满意三种情况。[⑤] 模型通过一个二阶段的过程实现：第一阶段，购买前，顾客会对产品形成"期望"，购买以后则会将消费产品所获得的真实绩效水平与购买前的期望进行比较，由此形成二者之间的差距或称为"不一致"；第二阶段，"不一致"的不同情况会导致顾客有不同反应：当实际绩效与期望相同即"不一致"为零时，顾客产生"适度满意"；当实际绩效超过期望即"不一致"为正时，导致"满意"；而当实际绩效达不到期望即"不一致"为负时，导致"不满意"。

在研究如何构建测量满意度整体框架过程中，"期望、不一致性和绩效是影响顾客满意的主要变量"这一观点随着研究的进一步居于主要地

---

① Cardozo R N, "An experimental study of consumer effort, expectation and satisfaction," *Journal of Marketing Research*, No. 8, 1965.

② 李先国：《顾客满意理论及其发展趋势研究综述》，《经济学动态》2010 年第 1 期。

③ Olshavsky & Miller, "Customer expectations, product performance, and perceived product quality," *Journal of Marketing Research*, Vol. 9, No. 2, 1972.

④ Anderson, R. E., "Consumer dissatisfaction: The effect of disconfirmed expectancy on perceived product performance," *Journal of Marketing Research*, No. 10, 1973.

⑤ Oliver R L, "A cognitive model of the antecedents and consequences of satisfaction decisions," *Journal of Marketing Research*, No. 4, 1980.

位，① 越来越多的行业和领域纷纷开发用户满意模型来指导实践，对用户满意度进行实证研究。为了提升治理效能，西方"新公共管理"运动将公众定位成通过纳税行为而享受公共部门顾客服务的"顾客"，公共部门对效率的关注转为对"顾客满意度"的关注，政府绩效评估的重点成为对政府服务质量的公众满意度测评。例如，美国公共部门建立了由"顾客满意、顾客期望、感知质量、感知价值、顾客抱怨、顾客忠诚"六个变量构成的美国顾客满意度测评模型，用以评估并改善组织绩效。② 国内也有众多研究集中于政府服务满意度测评模型的开发和研究，如盛明科和刘贵忠基于我国实际国情构建了公众满意度测评模型（CPSI），用于测评中国地方政府服务的公众满意度。③ 吴旭红通过构建数字政务服务公众满意度的概念模型（ACSI）对当地数字政务服务的公众期望和满意度进行了实证测评与分析。④ 由此可见，期望不一致模型是政府测量公民满意度的有效工具，公民对公共服务的满意度不仅与他们感知到的服务质量相关，也与期望相关。

根据期望不一致模型，当公众对政务服务的预期与实际感知存在"不一致"时，需要对此进行详细分析（如图5-1所示）：如果是公众预期高于实际感知，这种情况下会导致不满意的情绪，降低公众信任；如果公众预期与实际感知相等，这时会产生适度满意，需要继续维持好的做法和政策，同时尽量减少投诉（监督管理）；如果是对政务服务的实际感知远超于公众预期，则会产生满意的感受。

基于此模型，本章确定以期望和满意度为衡量企业满意度的评估方法。通过使用网络问卷调查评估、"用户体验"式评估，测评企业改革认

---

① 李先国：《顾客满意理论及其发展趋势研究综述》，《经济学动态》2010年第1期。

② Claes Fornell, Michael D Johnson, Eugene W. Anderson et al, "The American Customer Satisfaction Index Nature, Purpose and Findings," *Journal of Marketing*, 1996.

③ 盛明科、刘贵忠：《政府服务的公众满意度测评模型与方法研究》，《湖南社会科学》2006年第6期。

④ 吴旭红：《公众期望、质量感知与数字政务服务满意度测评——基于J省N市的实证调查分析》，《电子政务》2024年第7期。

同度体验度满意度，包括网络调查和现场截访，重点评估企业服务获得感是否增强、办事效能是否提升、企业的期望和满意度是否一致等。调查对象以衢州地区办理过政务服务增值事项的中小企业为主，按设定的样本量随机抽取样本，确保能真实反映本地区情况。

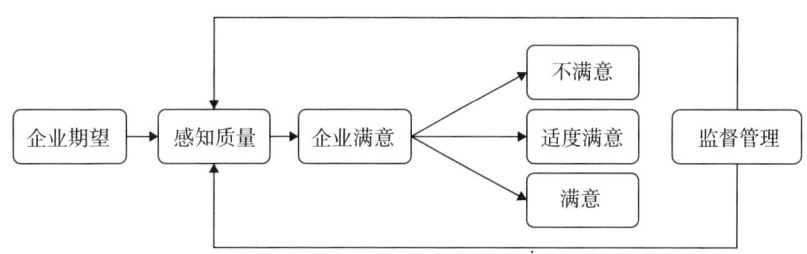

图 5－1　企业满意度的评估模型

第二，以工作人员意见反馈作为"制度创新"实施成效的衡量标准，主要了解政务服务增值化在管理层的实施效果，包括政务服务事项审批、监管和协调等机制。实施政务服务增值化改革的关键仍然在于制度的彻底重塑，需要创新形成与增值服务协同供给的完备制度体系和长效机制，形成可持续发展的管理体系。可从五个方面来探索评估"制度创新"实施成效，分别是企业综合服务中心的运作与管理、问题解决闭环管理和责任机制、多元主体间业务协同机制、数据资源共享与开发应用制度、绩效评价体系。本章评估通过采用工作人员调查问卷、电话访谈等方式，对部门和窗口工作人员进行调查，实行动态跟踪评价，通过前后比较、过程比较、动态观测，重点评估地方和部门推进改革工作任务是否落实到位，政务服务增值化改革的量化指标是否保持提升态势，部门改革自我评价与企业获得感是否一致，改革的难点、堵点问题是否有所突破，等等。

第三，以大数据分析结果作为"数字赋能"实施成效的重要保障，主要了解政务服务增值化改革在支撑层的实施效果。政务大数据是推动政务服务增值化改革的有效手段和工具，作用主要体现在以下几个方面：一是以数据驱动服务流程的优化，提高业务决策的效率和准确度。二是通过数据研究企业用户行为，预测多样化的企业场景需求。三是打破政府内部数据孤岛，缩小不同地区之间数字差距，从而提升整体政务服务效能。本章通过收集"企呼我应"在线监测平台等大数据反馈信息，获取数据分析样本，从而对政务服务增值化改革是否存在哪些薄弱环节进行尝试分析，并与企业满意度、工作人员反馈评估等评估结果相呼应。

第二节　政务服务增值化改革成效的评价指标构建

根据工作方案要求，政务服务增值化改革以"五个一"任务为基础支撑，按照"整体政府"理念，鼓励各地积极主动创新，进一步整合部门服务职能、优化服务资源配置、创新服务供给方式，将涉企服务资源系统集成为超常规超预期的服务产品。因此，评估指标的构建主要围绕所提供的政务服务是否有效达到预设目的而展开。

首先，针对政务服务增值化改革的企业满意度评估，以"五个一"为基础在一级指标"价值需求"之下，构建了由4个二级指标、7个三级指标组成的评价指标体系，见表5-1，共设置11道问题。因为研究变量有一定的抽象性，所以将其转化为能够进行直接测量的指标。在前人关于公众满意度研究的基础上，利用李克特五级量表对抽象的变量进行可操作化评测。每个问题的选项分别为"非常不同意、比较不同意、一般、比较同意、非常同意"，以1、2、3、4、5分别对五个选项进行赋值。"企业期望"主要测评企业对满足自身需求程度方面的心理预期，"服务质量感知"主要测评企业对政务服务增值化"五个一"的使用感受及流程便捷度等的实际体验，"监督管理"评价企业对整体服务的使用情况，"企业满意度"在测评企业对于增值服务前后的体验度的同时，了解企业在使用增值服务后对预期的满足程度。通过问卷调查收集原始样本数据，然后对数据进行统计分析。

表 5－1　政务服务增值化改革的价值需求评价指标

一级指标	二级指标	三级指标	具体问题设计（共 10 道）	指标依据
价值需求	1. 企业期望	1. 企业对政务服务增值化改革满足自身需求的期望	1. 您对为企增值服务整体期望程度高	企业对政务服务增值化改革能够满足自身需求程度方面的心理预期
	2. 服务质量感知	2. "一中心"线下服务：办事手续明确简单，一次性关系，节约时间，效率高	2. 您觉得在中心办事手续简单，过程顺畅，能够做到"一站式"服务，效率高	"一中心"：市本级，整合政企通服务中心及相关企业服务职能，升级为企业综合服务中心，承担增值服务进驻部门的事项、人员管理等事务性工作职责，打造一站集成的企业综合服务机构；在智造新城，将智造新城营商环境服务中心升级为园区企业综合服务中心，并依托企业社区服务中心，兼具产业服务中心功能
		3. "一平台"线上服务：平台服务人员解答热情细致；业务质量，解决是否专业，是否有效解决；检索方便，操作方法简单	3. 您在线上咨询相关业务时，相关工作人员会耐心细致地解答	一平台：依托浙江政务服务网（浙里办），迭代衢州市企业服务专区（政企通），聚焦全产业链全生命周期服务体系建设需求，集成政策、人才、金融、科技、外贸、法律等线上应用，进一步丰富服务场景、优化交互体验
			4. 您在办理业务出现问题时，相关工作人员会及时联系并有效解决问题	
			5. 您觉得线上界面设计清晰，检索方便，操作方法简单	
		4. 现有增值服务事项是否满足需求	6. 您觉得政府涉企服务事项种类齐全，贵企需求得到充分满意	一个码：以企业身份码为载体，关联所有经营主体的营业执照、电子许可证、信用、行政处罚等信息，为企业提供惠企政策直达、监管任务自查自治、企业合规证明开具等增值服务 一清单：在法定行政服务事项外，根据省经信厅梳理的全省增值服务清单，结合衢州市现有增值服务事项，编制企业增值服务清单，包括政策、人才、金融、科技、外贸、法律、数字化、产业链等服务，并根据清单内容和企业需求，为企业提供量身定制服务套餐
		5. 是否提供量身定制服务	7. 当贵企有个性化服务需求时，能够根据具体需求提供解决方案	

一级指标	二级指标	三级指标	具体问题设计（共10道）	指标依据
价值需求				一类事：围绕世行新评估体系，梳理企业关注度高、办理频次高的热门服务事项，在企业"一件事"基础上，整合关联度高的事项为"一类事"服务场景，提供套餐式服务，实现从机制创新到模式创新转变
	3. 监督管理	6. 及时回应投诉且能够很好地解决	8. 您对增值服务是否有过投诉的想法	对整体服务的监督管理
			9. 您对服务提出投诉或改善意见时，能够得到及时的反馈（若无可不填写）	
	4. 企业满意度	7. 与预期相比的整体满意程度	10. 您认为当前增值化服务供给比以往政府服务对企业更有帮助	测评比较企业对于增值服务前后的体验度的同时，了解企业在使用增值服务后对预期的满足程度
			11. 与预期相比，您对增值服务的总体满意度高	

其次，针对政务服务增值化改革运行机制效果评估，调查主体主要是部门或工作人员，重点评估地方和部门推进改革工作过程中的运行情况及困难情况等，在一级指标"制度创新"之下，构建了由5个二级指标、9个三级指标组成的评价体系，见表5-2，共设置11道问题。同样使用李克特五级量表法，每个问题的选项分别为"非常不同意、比较不同意、一般、比较同意、非常同意"，以5点计分法分别对5个选项进行赋值。"改革情况"主要对衢州地区构建的全过程集成式增值服务体系的效果进行整体评估，"资源集聚"主要评估涉企服务事项的集聚情况，"政企服务完善程度"主要评估政务服务增值化改革整体的完善程度，"运行困难"主要了解工作人员在为企业办事过程中所遇到的各类困难，"总体评价"主要了解工作人员对政务服务增值化改革的总体感受。

表5-2 政务服务增值化改革制度创新效果评价指标

一级指标	二级指标	三级指标	具体问题设计（共11道）	指标依据
制度创新	1. 改革情况	1. 工作人员对政务服务增值化改革效能的感受	1. 跟过去比，服务职能有所提升	衢州构建"12345转8"（一枢纽、两全服务、三类模式、四张清单、五链融合、八大板块）全过程集成式增值服务体系
			2. 跟过去比，服务资源配置有所优化	
			3. 跟过去比，服务供给方式有所创新	
	2. 资源集聚	2. 线下服务事项审批集中程度	4. 您认为企业综合服务中心服务事项的集中完善程度高	凡是面向企业的服务事项都要向审批服务处集中，并进一步向企业综合服务中心集聚；凡是面向企业各类线上应用都要向政企通集成，做到能进则进、应进尽进
		3. 线上应用集成程度	5. 您认为政企通面向企业各类线上应用集成情况已做到能进则进、应进尽进	
		4. 跨部门协同度	6. 您认为解决涉企问题时，市县之间、部门之间的协同程度高	
		5. 部门服务资源与企业需求对接程度	7. 您认为改革后的部门服务资源与企业需求实现了精准对接	
	3. 政企服务完善程度	6. 服务范围	8. 在省内使用其他平台办事服务时，线上政务服务平台办理事项所提交的信息在其他各级平台上都能通用	评估政务服务增值化改革的完善程度
		7. 信息更新速度	9. 企业增值化服务平台关于各项服务的指南非常详细且能够对信息进行及时更新	
	4. 运行困难	8. 在实际服务过程中遇到的困难	10. 您在为企服务过程曾经遇到的困难或问题	工作人员在实际服务过程中是否遇到困难
	5. 总体评价	9. 工作人员对政务服务增值化改革的总体感受	11. 您对政务服务增值化改革的总体评价	—

最后，以"数据说话"，利用"企呼我应"在线监测平台所收集到的大数据信息获取数据分析样本，通过深度分析平台中所体现的企业诉求项、解决项、办结率、企业满意率等数据，与前文进行的问卷调查结果进

行交叉比较，实时反映企业办事过程中所盼所急，找准工作推进薄弱环节、改革落地短板，为改革推进提供决策依据，见表5-3。

表5-3　政务服务增值化改革数字赋能评价指标

一级指标	二级指标	具体数据来源	指标依据
数字赋能	1. 企业诉求统计	包括问题数、已解决、办理中、解决率、满意率、重复投诉率等数据指标	数据驱动服务流程的优化程度
	2. 企业问题集中统计	不同时间段的问题"TOP 10"统计（包括近一月、近三月、近一年及全部时间统计）	数据预测企业场景需求的准确程度
		不同层级的企业问题收集统计情况［包括市级及各县（市、区）情况统计］	
	3. 监督流转情况	纪检监督问题分为日常监督和重点监督两大类，又细分为重点关注问题、不满意问题和逾期问题等	数据赋能监督管理

第三节　政务服务增值化改革成效的评估结果

2024年8月，衢州市分别开展了两轮政务服务增值化改革专项评估。评估以问题、成效为导向，采取网络问卷调查、电话调查、现场考察等方法，在调查过程中，收到了来自不同行业、不同性质、不同规模和不同成立年限的企业的回复，并收集了衢州市区及下辖县（市、区）企业综合服务中心工作人员的反馈意见，为评估提供了多角度的数据参考。同时，对接"企呼我应"动态实时监测平台，收集2023—2024年改革开展以来服务企业的相关数据。调查共回收有效问卷355份（其中企业回收问卷174份，部门及工作人员回收问卷181份）。

一、"价值需求"成效评估

本次共有174家企业参与调查，旨在了解企业对增值化改革服务的认知程度、体验情况、满意度，以及对企业综合服务中心建设的期望和建议，为提升服务质量和效率提供参考和建议。其中，小型企业是填写人次中最多的企业规模，占比46.55%；其次是微型企业占比33.33%；中型企业占比18.39%；而大型企业占比最小，仅为1.72%。主要行业由高到低排序主要集中于制造业，占比为35.63%（见图5-2）。参与调查的企业中，10年及以上（包含满10年）的企业占比最高，达到41.38%；其次是1—3年的企业占比为23.56%。未满1年和3—5年的企业占比相对较低，分别为12.07%和9.2%，表明大部分参与调查的企业已经经营了较长的时间。

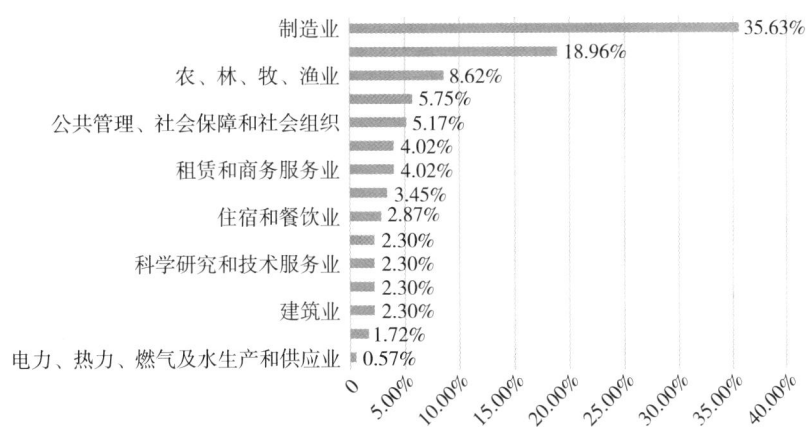

制造业 35.63%
18.96%
农、林、牧、渔业 8.62%
5.75%
公共管理、社会保障和社会组织 5.17%
4.02%
租赁和商务服务业 4.02%
3.45%
住宿和餐饮业 2.87%
2.30%
科学研究和技术服务业 2.30%
2.30%
建筑业 2.30%
1.72%
电力、热力、燃气及水生产和供应业 0.57%

图5-2 调查企业主要行业占比

（一）企业对政务服务增值化改革的了解程度

大部分受访者表示对针对企业的增值化改革服务有一定的了解，其中非常了解和比较了解的比例分别为34.48%和28.74%。仅有少部分受访者表示比较不了解或非常不了解，占比分别为6.90%和2.30%。

有87.93%企业已通过线下中心或使用线上平台享受过为企服务，其中33.91%的企业主要是享受咨询类服务，8.62%的人享受包含各类实际操作的实质性服务，45.40%的人两者均有体验。此外，有12.07%的企业表示没有体验过。从图 5-3 可以看出，绝大多数企业所享受的涉企服务主要以咨询类服务为主，占 79.31%。

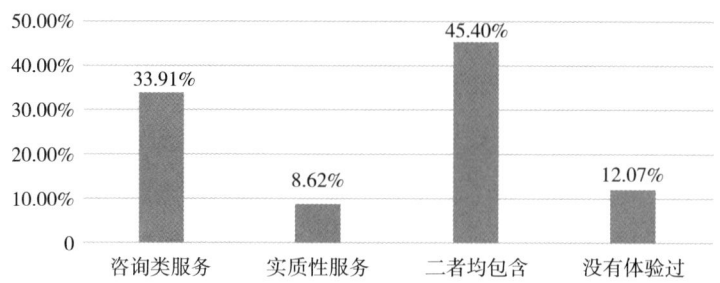

图 5-3　是否已通过线下中心或使用线上平台享受过为企服务事项

从图 5-4 可以看出，企业在政策服务方面所享受的增值服务最多，占比为 74.71%。其次是人才服务（36.78%）、科技服务（25.86%）和金融服务（22.99%）。政策服务在企业所享受的增值服务中占绝对优势。

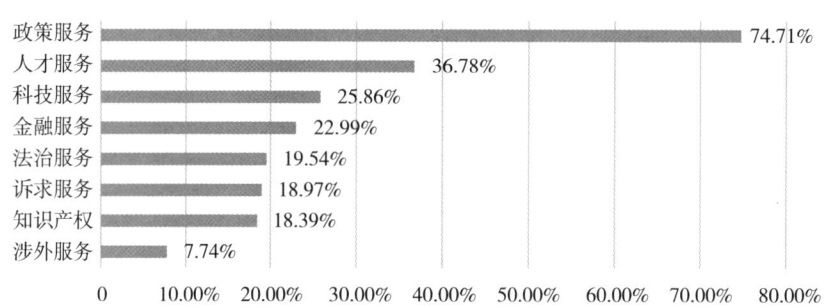

图 5-4　企业所享受的增值服务排行

（二）企业对增值服务的服务质量感知

根据图 5-5 结果显示，大部分受访者对政务服务增值化改革的态度较为积极。具体来看，受访者普遍认为中心办事手续简单、在线咨询工作人员耐心解答、办理业务出现问题时能及时解决、线上界面设计清晰、政府涉企服务事项齐全等方面表现较好，平均分数均在 4.50 分以上。其中在线咨询相关业务时工作人员的耐心解答表现最为突出，得分为 4.58 分；而相对得分最低的是能够提供个性化服务解决方案，得分为 4.48 分。综合来看，受访者对当前增值化服务评价的平均分为 4.54，总体评价较高，对政务服务增值化改革持积极态度。

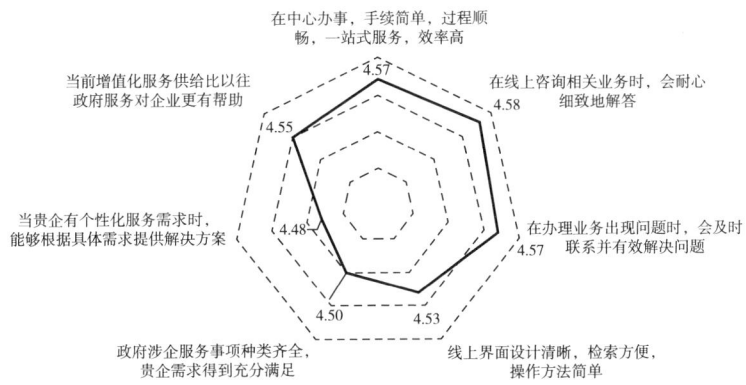

图 5-5 企业对不同增值化服务的评价

（三）监督管理

在监督管理方面，有极少部分人表示曾经有过对增值服务投诉的经历，占比 4.02%；95.98% 的受访者对增值服务没有投诉的想法。而在处理投诉事项过程中，99.43% 企业用户表示能够得到及时的反馈和处理。

（四）企业的期望值与满意度比较

从图 5-6 可以看出，对于企业对政务服务增值化改革的整体期望，得分为 4.13 分。其中，期望值非常高和比较高的比例较高，分别为 40.23% 和 39.08%。而表示一般的态度占比为 17.24%，非常低和比较低的比例较低，分别为 2.30% 和 1.15%。由此可见，大多数企业对为企增值服务整体期望程度较高。而企业对增值服务的总体满意度呈现较高水平，总得分为 4.27 分，高于预期值（4.13 分）。有 44.83% 的受访者表示非常满意，40.23% 的受访者表示比较满意，而只有 1.15% 和 0.57% 的受访者表示非常不满意和比较不满意，相比预期，大多数受访者在体验增值服务后，满意度有所上升，整体评价较为积极。同时，在询问"希望企业综合服务中心（企业服务专区）在未来哪方面的增值服务更加精细化"时，36.78%受访者希望能提供更多关于政策服务方面的咨询（如图5-7所示）。

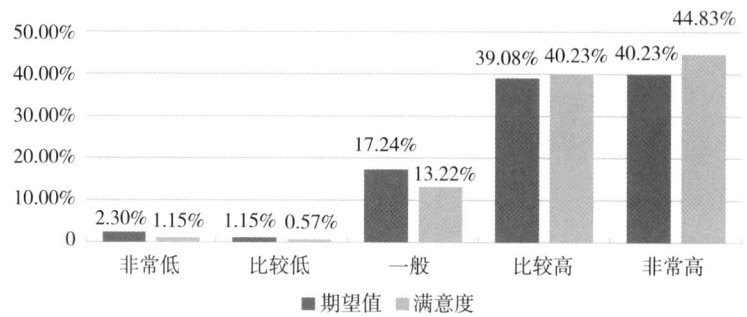

图5-6 企业期望值与满意度比较

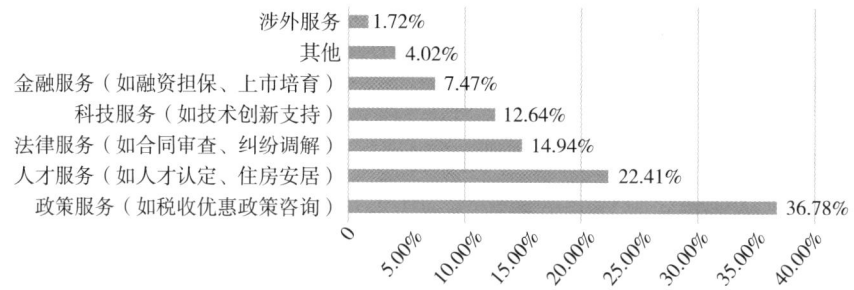

图5-7 企业希望未来能提供更精细化的增值服务

综上所述，企业对增值化改革服务有一定了解，希望政府能够进一步完善服务内容和流程，提高服务的精细化和便捷性，以更好地支持企业发展。

二、"制度创新"成效评估

本次调查共181名人员参加，通过收集其对政务服务职能提升、服务资源优化、服务供给方式创新等方面的评价，以及对企业综合服务中心、政企通集成情况、市县协同程度等方面的反馈，旨在了解被调查者对政务服务增值化改革的认知和评价，以及在为企服务过程中所遇到的问题和困难，从而更全面地了解当前政务服务增值化改革的实际效果和存在问题，为进一步改进和优化政务服务提供参考依据。问卷涵盖了被调查者的性别、学历、行政级别、所属县（市、区）、岗位类别、工作年限等基本信息，以及是否有曾在政务服务中心工作的经历，旨在分析不同群体在政务服务改革中的认知和体验差异。在本次问卷调查的181人中，男性45人（占24.86%），女性136人（占75.14%）；参与对象学历主要为本科（占75.69%），大专及以下占21.55%，硕士占2.76%；有政务服务中心工作经历的占比83.98%。

根据图5-8显示，对于政务服务增值化改革在服务职能提升、服务资源配置优化和服务供给方式创新方面的成就，大部分受访者持有积极态度。具体来说，对于服务职能有所提升，84.53%的受访者表示非常同意；对于服务资源配置有所优化和服务供给方式有所创新，81.77%的受访者也表示非常同意。整体来看，政务服务增值化改革在以上三个方面取得的成就得到了大多数受访者的认可和支持。

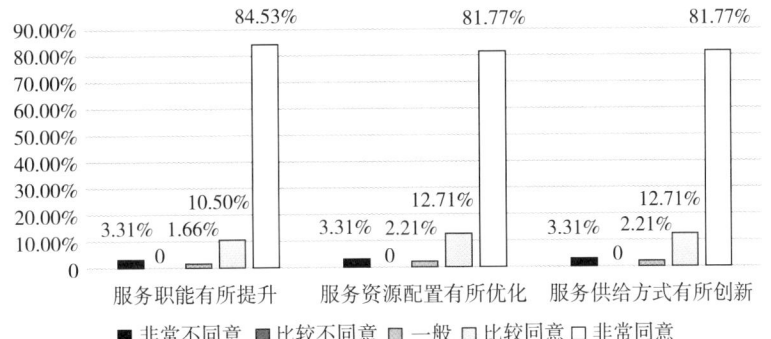

图5-8 工作人员对政务服务增值化改革取得成就的评价

从表5-4可以看出，在评价"企业综合服务中心服务事项的集中完善程度"时，大多数受访者（79.56%）表示非常同意，相对较少的人选择了比较同意（15.47%）和一般（2.21%）选项。同时，非常不同意和比较不同意的选项所占比例非常低（合计为2.76%），这表明绝大多数受访者对企业综合服务中心服务事项的集中完善程度持积极态度。

对于"政企通面向企业各类线上应用集成情况能进则进、应进尽进的态度"，超过96%的人表示比较同意或非常同意，仅有1.65%的人表示一般及以下的态度。因此，大多数人对政企通的线上应用集成情况持支持态度。

针对"涉企问题解决时市县之间、部门之间的协同程度"，有76.80%的人选择"非常同意"，18.23%的人选择"比较同意"，而只有4.42%的人选择"一般"，0.55%的人选择"非常不同意"，没有人选择"比较不同意"。因此可以得出结论，大多数人对市县之间、部门之间的协同程度持有积极的态度，认为协同程度较高。

在评价"改革后的部门服务资源与企业需求实现了精准对接"中，有78.45%的人选择"非常同意"，17.13%选择"比较同意"，表明大多数人认为改革后的部门服务资源与企业需求实现了精准对接，占比高达95.58%。而只有少数人选择"一般"、"比较不同意"和"非常不同意"，占比仅为4.41%。因此，整体来看，绝大多数人对改革后的部门服务资源与企业需求的精准对接持肯定态度。

"在省内使用其他平台办事服务时"，有79.01%的人非常同意线上平台办理事项所提交的信息在其他各级平台上都能通用，14.36%的人比较同意，6.08%的人选择一般，而比较不同意的比例较低（0.55%），非常不同意的比例为0。

对于"企业增值化服务平台关于各项服务的指南"，80.66%的受访者表示非常同意，15.47%的受访者表示比较同意，仅有3.87%的受访者认为一般，没有受访者表示不同意。整体而言，大多数受访者对该平台的服务指南给予了较高的评价，认为指南非常详细且能够及时更新。

表5-4　工作人员对各维度的评价和态度

项目	非常 不同意	比较 不同意	一般	比较 同意	非常 同意
企业综合服务中心服务事项的集中完善程度	2.76%	0	2.21%	15.47%	79.56%

续　表

项目	非常 不同意	比较 不同意	一般	比较 同意	非常 同意
政企通面向企业各类线上应用集成情况能进则进、应进尽进的态度	1.1%	0.55%	2.21%	16.02%	80.11%
涉企问题解决时市县之间、部门之间的协同程度	0.55%	0	4.42%	18.23%	76.80%
改革后的部门服务资源与企业需求实现了精准对接	0.55%	0.55%	3.31%	17.13%	78.45%
在省内使用其他平台办事服务时，线上平台办理事项所提交的信息在其他各级平台上都能通用	0	0.55%	6.08%	14.36%	79.01%
企业增值化服务平台关于各项服务的指南非常详细且能够对信息进行及时更新	0	0	3.87%	15.47%	80.66%

从图 5-9 可以看出，在反馈"为企服务过程中曾经碰到的最大困难或问题"时，39.78% 的受访者指出部门间、市县间信息沟通不畅是他们在为企服务过程中遇到的最大困难或问题；而 35.36% 的受访者认为工作人员配置不足，缺乏专业知识和技能培训。同时，服务系统不完善，如数据共享困难、操作复杂或体验感差等是他们所面临的困难之一。16.09% 的受访者认为申请多，企业排队等待服务时间长是较大的困难。还有 11.49% 的受访者选择了"其他"并填写无问题。

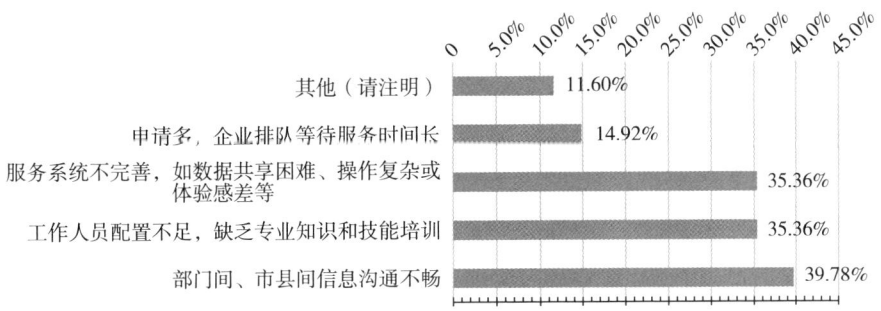

图 5-9　工作人员为企服务过程曾经碰到的困难或问题

总体而言，受访者对政务服务增值化改革的总体评价较为积极。其中，79.01%的人表示"非常同意"，16.57%的人表示"比较同意"，而只有4.42%的人表示"一般"，没有人表示不同意。可以看出大多数人对政务服务增值化改革持肯定态度（如图5－10所示）。

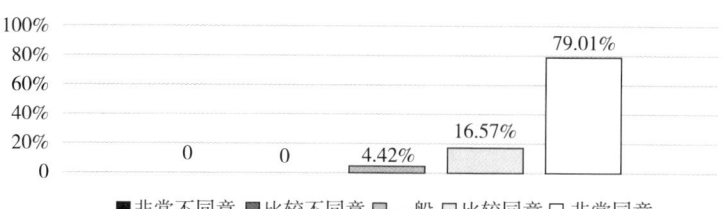

图5－10　工作人员对政务服务增值化改革的总体评价

综上所述，政务服务增值化改革在服务职能提升、资源配置优化、服务供给方式创新等方面取得了显著成就。但仍需解决部分问题，如人员配置、系统完善和信息沟通等方面的困难，以进一步提升服务质量和效率。

三、"数字赋能"成效评估

利用"企呼我应"在线监测平台收集到的企业在实际办事过程中的相关数据信息（截至2024年8月20日），包括衢州市域范围内企业办事问题数（单位：件）、办结数（单位：件）、解决率（单位:%）、超时办结率（单位:%），以及TOP10问题类别、分层处置类别、分级处置类别等，经分析整理，结果如下。

自衢州市"企呼我应"平台运行至今，共受理企业问题数8300件，已解决8117件，正在办理中183件，解决率97.8%。从分级处置情况来看，县级问题数4314件（占51.98%），市级问题数2767件（占33.34%），省级问题数10件（占0.12%），其他1209件（占14.56%）。其中，2024年共受理企业问题数2250件，已解决2067件，正在办理中183件，解决率91.87%。从分级处置情况来看，县级问题数1473件（占65.47%），市级问题数546件（占24.27%），省级问题数7件（占

0.3%），其他 224 件（占 9.96%）。

从企业满意率来看，总体满意度达 99.3%，其中重复投诉率 0.02%。近一年以来位居前五的主要受理问题类别是其他诉求（占 3.49%），政策解读服务（占 0.63%），企业用水、用电、用气、用暖、用能保障（占 0.51%），其他要求保障（占 0.4%）及公共设施配套保障（占 0.37%）。

第四节　政务服务增值化改革成效评估的结果讨论

从评估整体结果来看，衢州市政务服务增值化改革成效显著，主要表现在以下几个方面。

一是在"价值需求"实施成效评估方面。企业对增值服务的总体满意度呈现出较高水平，总得分为 4.27，与预期值（4.13）相比有所提升。从"企呼我应"平台数据来看，大多数受访者对增值服务的满意度较高，整体评价较为积极，认为当前增值化服务供给比以往政府服务对企业更有帮助，对增值化服务的投诉率也更少。此外，企业对增值化改革服务的了解程度较高，超过半数的企业表示对针对企业的增值化改革服务非常了解或比较了解，政策宣传和认同度方面得分较高。大部分企业已通过线下中心或线上平台享受过为企服务事项，其中以咨询类服务为主。企业在增值服务中更偏向政策服务，绝大多数企业在政策服务方面受益最多，其次为科技服务和人才服务。在服务层，通过立足企业视角，前移服务端口，主动感知并回应企业需求，政务服务增值化确保了改革措施能够精准对接需求，持续提升政务服务的针对性和实用性。

二是在"制度创新"实施成效评估方面。相关工作人员对政务服务增值化改革在服务职能提升、服务资源配置优化和服务供给方式创新等方面的成就表示认可和支持，对政务服务增值化改革体制机制创新的总体评价较为积极。同时，对资源集聚和政企服务完善程度的评价也较高，例如，对企业综合服务中心事项的集中完善程度，线上应用集成情况能进则进、应进尽进的程度，解决涉企问题时市县之间、部门之间的协同程度及服务咨询与企业需求实现精准对接等方面均持肯定态度。服务职能的提升有赖于详细、清晰的服务操作规范和工作流程，确保了政务服务事项在审批、办理、反馈等各个环节有明确指引和约束；服务资源配置的优化则需要通过明确的协同机制和流程，促进政府部门之间的信息共享、业务协同和资源整合；服务供给方式创新方面引入新技术、新方法、新模式，如衢州市成立智造新城高新企业社区服务中心，依托 12 个部门力量整合社会资源，更为精准地提供 9 个方面的产业增值专业化服务，为企业打造强有力的服务支撑平台。

三是在"数字赋能"实施成效评估方面。通过建立数据共享平台，实现不同层级、不同部门之间的数据互联互通，实时动态地呈现在不同时间段企业问题数、问题解决率、分级处置情况及主要受理问题类别等数据，结合企业满意度、制度创新机制等评估结果，为更好地服务企业用户提供了精准画像。引入"企呼我应"等移动政务服务应用，随时随地满足服务对象需求。在政务服务提供过程中，持续优化数据交换、共享和利用的规范和流程，避免重复采集数据造成资源浪费，还使各部门能够基于全面的数据信息进行综合分析和决策，提高政务服务增值化的整体服务质量和服务效率。

同时，在评估过程中也发现存在一些问题和挑战，具体如下。

一是需要更聚焦中小企业的增值化服务。调查结果发现企业规模和成立年限对服务需求有影响，微型和小型企业对增值服务的期望程度和满意度均相对较低，而大型企业对服务的期望值和满意度最高，中型企业的满意度提升程度相对最低（如图 5 – 11 所示），说明对于中小微企业而言，政务服务增值化的满意度仍有提升空间。衢州市致力于打造包括新材料、新能源、集成电路、智能装备、生命健康、特种纸六大标志性产业链，依托中小企业聚集的块状区域经济是衢州市制造业产业转型升级的重要支撑，而推动中小企业服务融入企业综合服务中心，进一步整合针对中小企业服务在各条线上的涉企服务载体、服务资源，也是衢州市政务服务增值化改革未来的努力方向。需要紧盯中小微企业服务诉求和主要问题，完善全过程闭环服务机制，进一步巩固和放大政务服务增值化改革新优势。

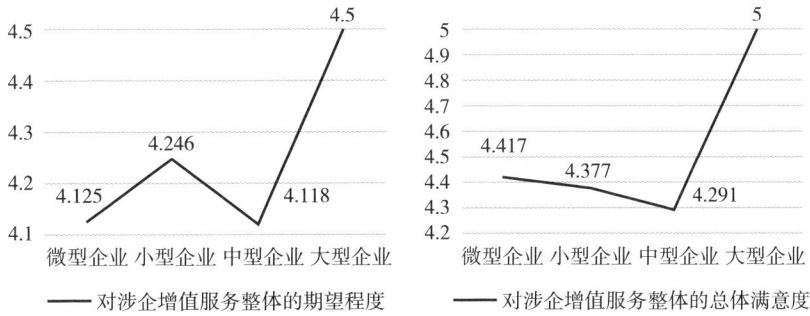

图5-11　不同规模企业的期望值与满意度比较

二是企业综合服务中心建设需要进一步完善。企业普遍认为中心应具备多部门高效流转、在线办理等功能，但存在服务事项不全、线上操作复杂等问题需要改进。企业希望未来增值服务更加精细化，特别关注政策服务和人才服务，并对企业综合服务中心的建设提出了一些建议，如加强服务事项的完善、提高线上平台操作便捷性等。作为政务服务增值化改革的中心枢纽，企业综合服务中心需要在企业需求受理、流转、督办、反馈等业务实现更好的服务，做到"企业有感、产业发展"；坚持在运行中不断优化完善"一中心"，市、县、乡三级联动机制；构建全覆盖的增值化工作网络。

三是制度建设方面仍存在一些困难，主要集中在工作人员配置、服务系统不完善和信息沟通方面。在为企服务过程中碰到的困难主要包括工作人员配置不足、服务系统不完善和部门间信息沟通不畅等问题。同时，调查发现，由于工作人员配置不足、人手不够，某区县企业综合服务中心设立的企服专窗仅有一人，件多人少，影响了为企办事效率。这些问题需要得到进一步解决和改进。须做好派驻中心人员选派工作，明确各板块工作人员的数量与企业办件数量的配比应达到合理配置，按照"精干、高效"

原则开展工作。此外，衢州已在努力解决建立"一个口子"汇总和梳理问题的平台载体问题，企业也反映对政务服务办事便利化的满意度较高，但希望能在政策、人才、法律等方面提供更亟需更精准的专业服务。

政务服务增值化改革是一个不断发现问题、解决问题的过程，以不断提升办事企业和人民群众的获得度、满意度为最终目标不断持续努力。从评估结果来看，当前已经取得一定的进展和成效，但改革永远在路上，仍需进一步推进创新和落实措施。

第六章

衢州推动政务服务增值化
改革的经验与逻辑

　　依据法定职责的政务服务供给已难以满足企业发展的个性化、多样化需求，政府须从"做减法"提供便捷服务，转为围绕企业全生命周期、产业全链条"做乘法"提供政策、人才、科技、金融等增值服务。政务服务增值化改革可以看作是治理结构、治理过程和领导作用的有机结合与反复互动的非线性跨界治理过程，涉及调整涉企机构职能、重塑政务服务架构、综合集成服务场景、构建政务服务共同体等举措。① 衢州市在政务服务增值化改革中的生动实践，实现了政府降本与企业增效的双向耦合。其改革取得成效的核心在于从高效便捷向高质量服务的转变。改革着力服务理念、服务载体、服务内容及服务效果的全面升级。服务理念方面，实现从"企业找服务"到"服务找企业"的变革，重视用户需求，提供个性化、定制化服务。服务载体方面，通过构建集成化的企业服务综合平台，实现资源高效整合与线上线下融合，提升服务便捷性。服务内容方面，衢州将"问题清单"转化为"服务清单"，聚焦企业全生命周期需求，提供全链条服务。在服务效果上，重视市场主体体验，通过评价反馈机制持续优化服务。此外，衢州还推进了制度创新，从流程简化向系统闭环转变，强化跨主体、跨部门、跨层级的协同联动，为企业提供全方位增值服务。这些举措不仅提升了政务服务效率与质量，更激发了市场活力，促进了地

---

　　① 刘祺：《跨界治理理论与数字政府建设》，《理论与改革》2020 年第 4 期。

方经济发展。

第一节　需求响应：由高效率向高质量转变

无论是改革以来持续推动的行政审批制度改革，还是从 2016 年开始全面实施的"互联网＋政务服务"工作，都秉持了一条基本的优化逻辑，即把政务服务质量和效率的提升作为优化政务服务体系、推动体制机制变革的着力点。进入数字时代以后，这一持续性的以便捷化为重要导向的公共部门服务变革拥有了更加多元的实现方式。但在享受改革带来便捷化政务服务体验的同时，还要看到速度只是评价政务服务体系效能众多指标之一，而"全程数字化、完全不见面、一次也不跑、快到飞起来的服务可能是高效率的服务，但不一定就是高品质、体验佳的服务"[①]。换言之，企业和群众真正需要的是建立在速度基础上的"办成"。因此，便捷化是建设有为政府的途经点而不是终点。随着便捷性服务受到边际效用递减规律制约，政务服务改革着力点开始由高效向高质转变。衢州在政务服务增值化改革中，从服务理念、服务载体、服务方式及服务内容等方面进行迭代升级，实现了以用户需求为导向定义"增值式"政务服务内涵边界，以有为政府为指引强化"增值式"政务服务政策供给，以体验升级为标尺促进"增值式"政务服务优质均衡。

一、服务理念升级：实现从"企业找服务"到"服务找企业"的转变

有为政府目标下理想的政务服务模式应该是"服务找企业"，而非"企业找服务"，但由于历史惯性、服务能力及其他多重原因，我国的政务服务体系仍旧存在政府中心主义、未能对需求侧赋予足够重视等弊端。例

---

① 郑磊：《城市数字化转型的内容、路径与方向》，《探索与争鸣》2021 年第 4 期。

如，企业和群众在政务服务设计与改革过程中或无法参与，或介入不深，一定程度上损害了其民主参与的权利，长此以往，极易形成一个围绕科层体系内部而缺乏对外部关注的相对封闭的服务体系和运作机制。在这种情形下，企业和群众作为用户的主体性地位及政务服务体验都将大打折扣。同时，在政府中心主义主导下，政府部门推动服务改革的逻辑起点更多立足于内部需求（主要表现为同级赛跑和向上竞争等）而非外部需求。① 那么，基于这种设计思路打造的政务服务产品将很可能导致用户的真实需求被部分忽视甚至漠视，其流程也很难适应数字时代优化政务服务的发展需要。这些以供给侧为主导的服务理念使政务服务体验大打折扣。

衢州在政务服务增值化改革中之所以大有成效，主要得益于转变服务理念，以用户需求为导向定义"增值式"政务服务内涵边界，实现从政府本位思维到用户本位、企业本位思维的转变。习近平总书记指出："列改革题目，定改革举措，要紧密对接群众需求。"② 进入新时代，我国社会主要矛盾已经转化为人民日益增长的美好生活需要和不平衡不充分的发展之间的矛盾，如何更好回应企业与人民群众日益细分化、个性化、多样化和专业化的政务服务需求是政府必须认真回答的重大课题。

衢州转变服务理念主要体现在三个方面：一是把人民满意作为出发点和落脚点。无论是基本政务服务，还是"增值式"政务服务，都是服务型政府建设的实践抓手。面对经济社会发展带来的政务服务需求异质性，衢州在洞察变化趋势的基础上明确优化服务的战略逻辑，围绕企业全生命周期提前布局政策、人才、金融、科创、法律、开放、兜底等衍生服务，提升企业获得感。例如，衢州市推出的"企呼我应"闭环机制，作为一种以企业需求为导向的高质量服务响应模式，它要求政府更加关注企业的需求

① 翁列恩、唐茜茜、齐胤植：《增值化改革：政务服务提能增效的行动策略》，《中国行政管理》2024 年第 2 期。

② 《习近平在安徽调研时强调：全面落实"十三五"规划纲要，加强改革创新开创发展新局面》，《党建》2016 年第 5 期。

和利益，更加注重服务的质量和效率，从而实现政府治理能力和治理体系的现代化。二是把用户思维贯彻到服务各环节。[1] 用户痛点即服务重点。"增值式"政务服务的突出特征是聚焦企业群众急难愁盼问题，提供额外衍生服务。衢州政务服务增值化改革坚持从需求侧出发打造服务体系，以"该不该做"的价值判断引领"政府端菜"向"用户点菜"转变，围绕企业全生命周期，将法治、金融、港区、人才等多个功能板块集于一体，形成企业全生命周期服务的"一站式"平台，实现企业从注册登记、项目审批到融资贷款、法律咨询等全链条服务，提升服务品质。三是以构建为民服务新生态为愿景。增值化改革的提出，摆脱了"唯速度论"的创新内卷，通过关注并兑现政府在法定职能之外的服务拓展，实现了"放管服"改革思路的进一步创新。衢州在用户精准画像、强化政企社合作、拓展应用场景等方面持续探索，力争构建起一个全链条、全天候、全过程的政务服务新生态。

二、服务载体升级：实现从"分散"到"集成"的转变

随着经济社会的发展，传统的政务服务已经无法满足新时代企业高质量发展的需求。传统企业服务中心服务集成度低，往往只提供单一或有限的服务项目，难以满足企业多元化、复杂化的需求。政府部门信息孤岛现象严重，不同部门、不同服务窗口之间信息不共享，导致企业需要多次提交相同材料，办事效率低下。在办理事项过程中，企业还面临服务流程烦琐，往往需要花费大量时间和精力在不同部门之间奔波，办理流程复杂冗长。此外，传统服务中心往往采用标准化服务模式，难以根据企业的实际情况和需求提供个性化服务，导致服务效率和质量难以提升。

为了进一步优化服务流程，满足企业多元化需求，衢州市围绕服务集成度更高、智能化水平更高、协同联动性更强，构建高效联动的企业服务

---

① Jensen U T, Andersen L B, "Public Service Motivation, User Orientation, and Prescription Behaviour: Doing Good for Society or for the Individual User," *Public Administration*, No. 3, 2015, pp. 753 – 768.

综合平台载体，实现从"围着政府转"到"一站集中办"。一是以企业发展为导向集中整合资源服务。传统的行政审批制度更加注重政府内部管理和行政程序合规。受此影响，企业和群众办事"围着政府转"成为一种常态，这极大影响企业的办事效率。为了促进经济发展，衢州企业综合服务中心通过对原有分散涉企服务资源的有效整合，形成了法治、金融、港区、人才等八个功能板块，提供多达 252 个服务事项，实现了企业需求的"一个口子"受理、流转、督办、反馈。这种整合不仅避免了企业多头跑、重复提交材料的问题，还大大提高了服务效率，使企业能够在一个地方享受到全面、专业的服务。二是以便捷顺畅为基础融合线上线下服务。衢州通过搭建"政企通"等线上平台，实现了企业服务的数字化、网络化。企业可以通过浙江政务服务网、"浙里办"、24 小时自助区的自助机等途径访问企业综合服务专区，并办理相关业务。这种线上线下的融合服务，打破了时间和空间的限制，提高了服务的便捷性和可及性。同时，通过大数据分析模型，"政企通"平台能够为企业精准推送政策、金融产品、人才及各板块服务事项。这种智能化的服务方式，使企业能够更快地获取所需信息，提高了服务的针对性和有效性。

企业综合服务中心作为一种新型的组织形式，集中式的政务服务中心被赋予了突破传统科层制组织结构弊病、提升公共服务效能的期待。在有为政府、无缝隙政府等改革理论的指引下，政府部门希望通过物理空间聚合的方式化解政务服务供给碎片化问题。就实际效果而言，企业综合服务中心"一个窗口受理、"一站式"办理、一条龙服务"的运作模式也确实在一定范围内消减了传统科层制体制下以职能分工为依据、多头重复办理行政事项的弊端，从而大大提高了企业获取政务服务的便捷程度。这种从组织结构到业务流程，再到运作机制和行政文化的变革性创新，深刻影响了政府部门此后的治理模式。一言以蔽之，"一站集中办""让群众少跑腿"等理念的实践，实现了从分散到集中、从串联到并联、从隐蔽到透明的政务服务模式转换与界面整合，既提高了行政效率，又便捷了企业办事。

三、服务内容升级：实现从"问题清单"到"服务清单"的转化

清单管理是政务服务标准化、规范化、便利化建设的重要支撑。在某种程度上，它已经演化成政务服务改革的"牛鼻子"。当前，我国政务服务标准化、规范化、便利化水平获得大幅提升的重要原因之一，即深入推动了清单管理的治理模式和运作机制。但也要看到，过分拘泥于清单的供给模式也可能导致政务服务的缺位。其根本原因在于，不同政务服务事项内在性质的本质差异决定了清单管理模式存在一定局限。举例来说，对于行政许可等权力事项实行"清单之外无审批"可以取得规范权力运行、方便企业和群众办事等成效，但对于公共服务事项实行"清单之外无服务"则必然会偏离为人民服务的宗旨。在极端情况下，清单也可能成为少部分服务受理人办事推诿的"挡箭牌"，以"没先例""很难办""办不了"等说辞拒绝申请人提出的暂时在法定事项以外的合理诉求。

尤其在数字时代社会发展日新月异的基本情况下，很多企业和群众的急难愁盼问题或个性化问题，由于种种原因暂时游离于政务服务清单之外。如何变"问题清单"为"服务清单"，提升政府服务力，成为衢州市开启政务服务增值化改革的直接动因。衢州市在政务公开与政务融合集成的基础上形成了个性化的服务清单。通过建立政策清单专栏与咨询答题库，定制化政策服务使政策兑现与咨询服务进一步强化，方便企业按需查看政策解读内容，提高政策知晓度和获得感。同时，聚焦企业全生命周期服务，针对不同阶段的企业需求提供定制化政策服务。例如，在企业初创期提供注册登记、税务筹划等服务；在成长期提供融资咨询、市场拓展等服务；在成熟期提供科技创新、品牌建设等服务。服务清单的增值为外贸企业提供了全方位、全链条的服务支持，有效激发了市场活力。据统计，2023 年全市外贸进出口总额同比增长 16.7%，累计增速连续12 个月位居全省第一。此外，通过搭建"衢州政企通"平台、设立企业

综合服务中心等措施，提升了企业对政策的知晓度和获得感，推动了惠企政策应享尽享。

衢州这些改革措施是在政务服务基本规定范围内根据企业的需求制定额外的服务清单，这些服务清单一方面解决了很多企业和群众的急难愁盼问题或个性化问题，另一方面说明了政府治理的模式从行政内部规范问题向服务企业转变。从便捷到增值，虽然看似只是名称的变化，但由此引发的却是服务模式和质量标准的全方位升级。以往便捷化导向下的政务服务是清单内的供给，即"有什么，给什么"，而增值化改革聚焦的却是政府法定职责以外的衍生事项，其最终目标是"要什么，给什么"。这种从企业需求出发，重新定义、设计并供给公共服务的思路，无疑是一次政务服务理念的重大变革。

四、服务效果升级：服务效果评估导向从"部门竞争"到"企业体验"转变

在政府中心主义主导下，政府部门推动服务改革的逻辑起点更多立足于内部需求（主要表现为同级赛跑和向上竞争等）而非外部需求。那么，基于这种设计思路打造的政务服务产品将很可能缺乏用户评价，难以形成管理闭环，丧失了反馈机制对优化服务的正向作用，导致政务服务企业体验感不强。

衢州政务服务增值化改革成效明显得益于市场主体体验提升。这次改革想要扭转的是政府中心主义的不良倾向，从而实现由政府本位到用户本位的思维转换。一是重视服务界面建设。作为企业与群众体验政务服务的第一入口，服务界面的优劣直接影响着用户体验的好坏。因此，基于体验升级的服务优化，衢州市企业综合服务中心实施"前台综合受理、后台分类联办、限时办结反馈"的"一站式"服务，搭建政企通平台，整合平台功能，精心设计简洁易用的服务界面。无论是实体政务服务大厅，还是互联网政务服务平台，都以简洁易懂、快速直达为目标，有针对性地优化界

面布局、服务导引和交互反馈等设计，最大限度实现"增值式"政务服务好办、易办。二是把评价反馈机制贯穿优化提升全过程。在增值化改革中嵌入"好差评""体验官"等评价反馈机制，既能够提升企业与群众的参与感、体验度与积极性，也可以通过用好评价结果实现管理闭环，推进以评促改、以评优服。在此过程中，衢州干部主动接受监督，鼓励社会参与，有针对性地根据用户评价优化改进服务并适时反馈至评价人，全流程提升服务体验。从改革实践的外在表征来看，体验增值是这种转换的重要面向。基于此，衢州的一系列实践既注重建立便捷、优质、超出一般预期的政务服务供给机制，也强调系统提升市场主体的政务服务体验，还要求通过打通体验反馈通道，形成持续改善服务品质的管理闭环。

第二节　制度创新：由流程简化向系统闭环转变

站在经济高质量发展、传统产业转型升级、新兴产业培育壮大的关口，企业成长和产业升级对政务服务品质提出了更高要求，传统普惠性窗口政务服务难以满足企业个性化、多样化服务需求。除行政许可、行政确认、行政裁决等本地化的行政服务需求外，市场主体对金融、科技、法律、人才、数字技术等市场服务和社会服务更为渴求，对政府跨层级、跨区域、跨部门、跨系统等跨界域服务有着更多期待。面对纷繁复杂的公共事务治理与多样化的市场主体需求，政府须突破传统科层制边界寻求创新，增值服务即跨越政府与市场、社会的界域，跨越层级间、部门间界限，依托一体化、集成化的企业综合服务机构，资源整合强协同，闭环处置抓实效，优化服务促提升。在这种背景下，衢州市从市场主体更深层次、多样化的实际需求出发，通过制度创新整合市场社会资源，从法定服务事项向为企业赋能添力的额外衍生服务转变，不断提升企业满意度与获得感。

一、跨主体：从"单兵作战"到"联合作战"

现有供给体制机制问题制约了服务绩效实现，主要体现在以下方面：

涉企服务机构职能分散、职责交叉、权责不一，不同政府部门之间，以及政府与市场、社会多元主体协作机制尚未建立，企业要获得一些高端服务要素仍需多头跑；缺乏统一数字服务平台，线上服务事项不全、集成度低、分散化严重、可及性不足、全程网办率不高；惠企政策分布于多个部门，企业获取信息不对称，政府缺乏政策传递机制，无法做到惠企政策精准直达、免申即享，制约了政策红利释放等。针对政务服务所"供"与市场主体所"需"存在的错位脱节问题与突出短板弱项，应不断推动政务服务改革由"政府供给导向"的被动式、粗略式、分散化服务，向"用户需求导向"的主动式、精准化、体系化服务转变。[1]

推进政务服务增值化改革，本质上是通过政府的自我革命，重塑政府履职流程，构建与社会、企业、群众之间的有效链接，提升政府服务力，是政府主动出击、主动服务的模式。衢州推出的"企呼我应"高效闭环处置涉企问题机制不再局限于政府部门内部，而是整合了市场资源、社会资源，形成政府侧、市场侧、社会侧三侧协同的服务体系。"企呼我应"闭环机制包括建立企业诉求收集渠道、构建快速响应机制、实施问题解决闭环管理、建立反馈评价机制等几个关键环节，它要求政府更加关注企业的需求和利益，更加注重服务的质量和效率。其中广泛收集企业诉求和问题，构建"全量问题库"，形成具有普遍性、长远性、规律性的企业共性问题清单，加强问题主动发现和全量归集等行为，通过整合不同部门或合作伙伴的资源，实现资源的高效利用，减少重复劳动和资源浪费。在构建快速响应机制。实施问题解决闭环管理环节中，例如，优化完善涉企问题系列配套机制，建立问题处置、问题征询、研判交办、"135"限时办结、DCBA 分层处置、"中台"回访、联席会商、疑难问题协调推进、问题复盘等十余项配套细化工作机制，都涉及多个服务提供者或部门之间建立紧密的合作关系，通过信息共享、资源整合、流程优化等手段，共同为客户

---

① 陈毅、刘鼎申、徐长思：《以用户为中心：政务服务"一网通办"改革的四维要素分析——以上海市为例》，《中共天津市委党校学报》2022 年第 4 期。

提供更全面、更高效、更个性化的增值服务。唯有如此，才能确保企业诉求能够得到快速响应和有效处理。这一过程就是多主体联合作战的过程，能够更快速地响应市场变化和客户需求，提升服务灵活性和敏捷性。

营商环境优化并不等同于制度环境改善，而是针对企业所处多维度环境的系统性优化，进而为企业在各方面创造外部经济价值。市场需求导向则更加注重制度创新，促进政府与市场的良性互动，实现营商环境的整体优化。在此过程中，衢州基于市场多维度环境和需求，转变管理型政府的角色被动性，充分发挥服务型政府的角色主动性，从政府单兵突进向政府、企业、社会三方发力转变。①

二、跨部门：从"分段分环节"到"全周期全链条"

市场主体期待更具产业针对性的营商环境，不仅要考虑政务服务，还要考虑所在产业的垂直关联要素培育与加强，将服务链建在产业链上。一个完整产业链包含价值、企业、供需和空间四个维度，包括供应、服务、物流、金融的高度协同，需要"人才、设备、数据、技术、资本"等生产资源的全局配置。这也就意味着增值化改革必须解决资源分散未整合的问题，政府部门打破原有封闭的运作，开放组织边界，通过整合多元主体参与，为市场主体提供深层次的政策、人力资源、金融、科技、数字化转型等额外服务。但是科层制过于精细的分工和高度的专业化往往加大了协调工作的复杂性，严格的规章制度虽然在一定程度上保证了规范性运作，但在应对瞬息万变的营商环境和企业多元化需求时，过度的规则刚性可能导致组织反应迟钝，特别是在处理涉及多方协同的重要事项或突发事件时，常规治理机制难以迅速、有效地应对。因此，政府必须探索出跨部门灵活性较强的应对模式，推动治理制度的变革。

由于企业全周期全链条的服务涉及多部门，增值化改革必须建立一套

---

① 游昭妮：《基于"放管服"改革的营商环境优化研究》，《环渤海经济瞭望》2021 年第 9 期。

加强部门之间协同联动的机制，围绕企业设立、成长、退出的全生命周期，以及特色产业上、中、下游的全链条，提供订制化、套餐式、模块化的为企服务新生态。这种服务模式有助于企业在不同发展阶段都能获得持续的支持和帮助。衢州市围绕企业发展在机制创新和模式创新方面进行探索，推动了部门之间高效联动。一是项目警官服务模式。这一模式由公安牵头联合司法、市场监管等部门成立专班，主动对接企业需求，解决项目建设中遇到的各种问题，为项目建设提供全周期警务保障。例如，在某百亿项目建设中，项目警官及时介入，协助解决了投资客商因身份证被冒用导致的注册难题，确保了项目的顺利推进。二是生态环境行政许可"多评合一"改革。针对环评、能评和安评等跨部门许可事项，联合召开专家评审会，同步审核、同步评价，建立"容缺受理＋告知承诺"机制，形成部门高效协同的局面。三是跨部门协作推动生物医药项目招引落地。衢州市立足于生物医药产业专业服务优势，谋划了跨部门协作招商"融合"场景。通过跨部门组团开展生物医药项目信息研判和实地考察，推动了多个重点项目签约落地。

衢州在跨部门的探索举措，已将重点转向对产业的悉心培育，立足企业视角，前移服务关口，主动感知企业需求。围绕产业招引，强化项目落地全方位服务。坚持"高位化调度、集成化作战、扁平化协调、一体化办理"的工作模式，构建从洽谈、签约到审批、建设、投产的全方位服务体系。其改革通过系统梳理跨部门、跨领域复杂交叉性涉企服务需求及事项，融合各类涉企"一件事"间的逻辑关系、法律关系、数据关系，拓展延伸服务链，构建整体智治涉企服务新模式，开始从"分段分环节"到"全周期全链条"方向转变。

三、跨层级：从"定时定点"到"随时随地"

当前科层制形成的条块分割、等级规范成为阻碍组织成功运作的不利因素。例如，在力求优化营商环境的过程中，由于组织内部条块分割，易陷入部门壁垒森严、流程割裂破碎的"碎片化"困局。因此，促成制度成功变迁并实现组织优化的创新适应性调整，常常通过重新构建组织内部的横向和纵向联系，克服原有条块分割和部门本位主义所引发的互相推诿问题，灵活运用各种手段，积极调动内部与外部的各种资源，以提升组织的整体行动力和协调效能。在增值化改革中，为了适应企业灵活多样的企业需求，只有跨层级联动才能进一步打破条块分割形成的壁垒，推动干部从"相互推诿"向"敢于担当"转变，这也是推动改革的重要动力。

营商环境的优化是制度变迁的直接体现和成效，有效的调适能够为组织带来更多的资源积累和更高的效能，进而提升整个组织的表现。衢州市在推进政务服务增值化改革过程中，注重跨层级联动，实施顶层设计与基层实践互动机制。市级层面通过制定明确的改革目标和政策导向，为基层政府和服务窗口提供了清晰的改革路径。同时，鼓励基层单位根据实际情况进行灵活创新，形成各具特色的服务模式。基层作为改革的前沿阵地，其探索和创新至关重要。激励与支持体系的存在，能够激发基层干部的积极性和创造性，促进改革措施在基层的有效落地，进而推动整个政务服务体系的变革和升级。此外，建立"容错免责"机制，将相关工作情况作为"六治六提"作风建设和年度综合考核的重要依据，对推诿扯皮、不作为、乱作为、慢作为等依法依规进行责任追究，因先行先试、敢于担当而出现的失误、过失、过错与偏差行为，启动"容错免责"机制。这个过程就是领导者依托跨界领导力统筹协作，构建政务服务共同体，从需求识别到改革倡议、从顶层设计到跨界行动，运用政策工具共享管理资源，通过运行机制进行关系协调。

这种上下联动、互为补充的改革推进模式，激发了基层的创造性，推动基层围绕企业需求提供针对性的服务。如衢江区的港区服务，有效推进水运物流审批事项精减6个流程，集成公共服务事项10项，有效降低港区与企业成本、提升港口水运服务能力，并入选省级"一类事"试点；龙游县的特种纸产业服务，纳入省级"一类事"试点；常山县的"一只果"产业全链条增值化服务做法获得省级肯定；江山市也在积极推进木门（全屋家居）"一类事"服务场景打造，助力当地主导产业链发展。同时，各地区通过打造线下企业综合服务中心、线上企业综合服务平台和"企业码"相融合的集成服务体系，推动服务时空增值，变"定时定点"为"随时随地"，前移服务关口，不仅想企业之所想，更想企业之所未想，主动发现和回应企业需求，从朝九晚五固定模式的履职尽责转变为企业有所呼、政府有所应，7×24 小时的全天候服务，大大提高了服务的便捷性和高效性。

第三节 技术应用：由单一便捷向综合赋能转变

世界银行最新推出的营商环境评估指标体系提出数字技术应用和可持续发展要求，并从"监管框架、公共服务、办事效率"的维度对全球各国营商环境展开评估，[①] 政务服务的数字化转型成为大势所趋。[②] 数字技术具有自动化、智能化等特点，可以破解政务服务存在的效率低下、不够精准、信息孤岛等问题。随着数字技术应用的深入及增值化改革的要求，数字赋能开始由单一的快捷向综合性助力智能化方面转型。衢州在政务服务增值化改革背景下，始终将数字技术作为改革的支撑，从聚焦于简化流程、优化界面等方式提升政务服务办理的效率和速度向聚焦企业多元需求、多方面赋能转变，如数字技术不仅用于提升办理效率，更被深度整合到政务服务的各个环节中，为企业提供政策、人才、金融、科创、法律等全周期、全产业链的增值服务，助力企业高质量发展。

一、服务：从被动响应到精准推送转变

随着"放管服"改革向纵深推进，企业开办耗时压缩到 1 个工作日乃

---

① 赖先进：《国际营商环境评价的新变化与营商环境建设新趋势——基于世界银行新营商环境评价（B-Ready）的分析》，《经济体制改革》2023 年第 4 期。
② 浙江省营商环境数字化改革课题组、陈建忠：《浙江营商环境数字化改革的探索与创新》，《浙江经济》2022 年第 2 期。

至 0.5 个工作日对于办事企业来说已经没有实质性差别，企业需要个性化、多样化的衍生服务。因此从"做减法"提供便捷服务，转为"做乘法"提供政策、人才、科技、金融等其他各类衍生服务，才能提高企业发展的产值与效率。增值化改革要求在服务理念上，变"有什么，给什么"为"要什么，给什么"，变"管理思维"为"用户思维"，推动服务体验增值。在服务范围上，变"基本服务"为"全面服务"，推动服务内容增值。从政府部门法定职能规定的服务供给，到涵盖企业、产业链发展需求的整体性、配套性服务提供，这就要求政府对企业的发展状况深入了解并实时跟踪。通过数字技术的应用，政府可以利用大数据分析、人工智能等技术手段，提前预判企业和个人的需求，主动推送相关政策信息、服务指南等，实现服务的个性化和精准化。

在政务服务增值化改革中，衢州通过构建数字化服务平台，实现涉企诉求的"一站式"归集和分类办理。首先，通过迭代升级"政企通"平台，优化智能"政策体检"，开发"政策计算器"功能模块，实现企业办事一键直达、惠企政策一键获取。据了解，"企呼我应"平台上线 5 个多月以来，已合计归集涉企诉求类问题 1266 个，解决率超过 94%，企业体验感较好。其次，打造电子营业执照多场景应用，积极推行"一照集成"，梳理归集市场主体经营范围规范化后台转换，建立许可条目与经营范围对应关系，打造专属化、个性化"服务空间"，实现跨平台共享调用和全程电子化办理。同时，聚焦企业全生命周期服务，针对不同阶段的企业需求提供定制化政策服务。这些举措一方面倒逼数字技术应用的不断深化，另一方面推动数字技术从政务服务便捷性工具向更具精准性、服务性方向发展。

二、协同：从信息孤岛到数据共享转变

数字化深刻影响着政府之间的组织运作方式，为政务服务创新提供了核心动力，是实现政府治理现代化、提升公共服务水平和效能的关键所在。一方面，在政务服务增值化改革中，政府部门通过大数据、云计算、

人工智能等技术应用，增强在线政务服务配套的软件与硬件，打破政务服务"数据孤岛"与"数字壁垒"。[①] 衢州市围绕环境行政许可涉及多个部门、多个环节，传统模式下存在审批流程长、企业负担重等问题，以环境行政许可集成改革省级试点为抓手，聚焦环境准入、监管执法、中介服务等高频涉企事项，通过搭建环境许可"一条链"提醒模块、打造环境问题"一站式"管理平台、建立环境执法"一揽子"豁免机制等措施，破除部门间数据壁垒与信息孤岛问题。通过建立数据共享机制，明确数据共享的范围、标准和流程，确保各部门能够及时、准确地共享相关数据。例如，将环评文本企业信息纳入排污许可申报材料，实现两个审批事项共享一套基础数据。针对同一个建设项目涉及多个环境行政许可事项的，编制工作规范，推出组合式许可集成套餐。环境行政许可集成改革通过数据共享、流程再造、数字化赋能等举措，有效打破了"数据孤岛"现象，提升了政务服务效率和质量。另一方面，在厘清事项基础上，政务服务增值化改革实现数据信息共享集成，消除不同区域政府间数字鸿沟。衢州市在推进政务服务增值化改革时，注重与周边地区的数据共享。通过构建区域数据共享机制，实现了不同区域政府间的数据互联互通。例如，与上饶市铅山县等多地推广"无人机航拍"等数据产品，助力当地打击违法犯罪行为。这种区域数据共享的方式，有助于消除不同区域政府间的数字鸿沟，提升整体政务服务效能。数字赋能不仅推动政务服务创新升级，也为企业和群众带来更加泛在可及、智慧便捷、公平普惠的公共服务体验。

三、管理：从传统管理到智能决策转变

随着数字技术的深入发展，数据要素的价值不断被挖掘。数据是政务服务增值化改革的核心要素，将政务大数据作为核心资产进行运营，对其

---

① 张邦辉、万秋兰、吴健：《在线政务服务的营商环境优化效应探析——"数字红利"与"数字鸿沟"》，《中国行政管理》2021 年第 4 期。

进行全生命周期管理，是增值化改革的具体体现。[①] 一方面，建设政务服务一体化综合智治管理系统，通过对数据智能归集分析，为智能决策提供了坚实的数据基础。衢州市归集了 76 个部门应用数据共 170.6 亿条，通过治理、清洗、比对，形成了高质量的数据资源池，供各单位调用使用，为数据分析提供基础。通过引入智能决策支持系统，对政务数据的深度挖掘和分析，可以实时掌握社会状况和民众需求，为政策制定提供有力支持。同时，智能决策系统还能够根据不同政策制定阶段的需要，提供智能化的决策建议，使政策制定更加精细化和专业化。例如，通过线上企业综合服务平台以"三张清单"为基础，归集涉企应用服务的分类标签、数据标签、内容标签，打造涉企应用服务的标签体系，以服务标签映射用户画像，增强政策推送的精准性，实现从"企业找政策"向"政策找企业"的转变。另一方面，智慧监管对优化营商环境非常重要，不仅能降低监管成本，减少对企业的打扰，强化防范风险能力，还能提升监管效率与精确度。衢州通过利用大数据、云计算等现代信息技术手段，开发生态环境问题"一站式"管理机制和"问题巡查"App 等工具，提升监管效率和精准度。通过搭建环境许可"一条链"提醒模块、建立环境执法"一揽子"豁免机制等措施，实现智慧监管和精准服务。数字化工具的应用，使监管更加高效、精准，能够及时发现问题并采取措施解决。通过智慧监管和精准服务，为企业创造更加便利、公平的营商环境。

衢州市在政务服务增值化改革方面的实践与经验总结，提供了一个生动的案例，展示了如何在新时代背景下，通过创新与优化政务服务，促进政府治理能力与治理体系现代化。衢州市的改革，不仅仅局限于提升政务服务的便捷性，而是更深层次地聚焦于服务质量的全面提升，从用户需求出发，重新定义并优化政务服务内涵。通过转变服务理念、升级服务载体、丰富服务内容及优化服务效果，衢州市成功实现了政务服务从高效便

---

① 范逢春、王彪：《政务大数据治理的内涵辨析与逻辑建构——基于"本体－工具－目标"的分析视角》，《中共天津市委党校学报》2023 年第 1 期。

捷向高质量、高附加值的转变。衢州市在改革过程中，注重系统思维与制度创新，通过构建跨部门、跨层级、跨主体的协同机制，打破了传统政务服务中的条块分割与部门壁垒，实现了资源的有效整合与高效利用。这种全方位的改革举措，不仅提升了政务服务的整体效能，更为企业提供了全生命周期、全产业链的增值服务，有效激发了市场活力，推动了地方经济的高质量发展。

从衢州市的改革实践可以看出，传统科层制中依靠组织层级制度结构的管理模式及社会网络的自组织管理模式显然不适合跨边界、跨领域、多主体协作治理的需要，政务服务增值化改革促进跨界治理模式应运而生。[①]跨界治理中将组织结构的静态研究、体制机制的静态规范与治理过程的动态研究、跨界领导的动态行为相结合。在静态结构方面，主要集中于组织结构模型的构建、治理结构的分类及跨界治理所需要的战略工具资源。在动态互动方面，涵盖过程模型的构建、行动者策略及互动关系、过程运行机制、跨界领导角色、跨界治理能力建设等内容，因此，跨界治理是一个多要素、多环节、多主体相互影响的过程。

政务服务增值化改革，从逻辑来看，在市场主体对更高质量政务服务诉求、世界各国以营商环境优化赢得国际竞争力的内外部环境的综合影响下，政府层级之间、部门之间、地区之间，以及政府与市场之间、社会多元主体之间从合作需求发展为共享认识、从沟通磋商发展为形成动议、从任务执行发展为过程监督；从技术来看，这项系统性改革依托了领导者的跨界领导艺术，用跨界思维与市场化思维来思考、分析、解决发展中的问题，探索建立政府引导、市场化社会化运作机制，实现服务供给主体、供给方式多元化，通过"政府搭台、经济唱戏"，借助技术赋能与制度重塑，提供更高效、更优质的增值服务；从结构来看，增值化改革不是一种简单的线性思路、线性过程，而是多元主体围绕共同目标互动磋商往复循环的

---

① 刘祺：《基于"结构－过程－领导"分析框架的跨界治理研究——以京津冀地区雾霾防治为例》，《国家行政学院学报》2018 年第 2 期。

过程，相关服务板块虽已进驻企业综合服务中心，但在业务整合、前后台衔接、跨部门联动、政企社多元参与等方面还需进一步细化深化，运行模式机制还需在实践中磨合完善、持续优化；从操作来看，增值化改革动态过程即多元主体与外部环境的双向互动，彼此交换资源、输入输出信息，深化改革模式及场景设计。静态的治理结构重塑，动态的治理过程再造，核心的领导优势发挥，有助于将分散的政府、市场与社会优势资源集聚起来，尽可能地减少交易成本并发挥出最大效用。① 因此，政务服务创新，不应仅仅停留在表面流程的简化与优化，而应深入探索如何满足用户的多元化、个性化需求。通过需求牵引，为用户提供更加全面、精准、高效的增值服务，倒逼政府组织内部制度创新及与市场、社会各系统整合，只有这样，才能真正实现政务服务的转型升级，推动政府治理能力与治理体系的现代化进程。

---

① 刘祺：《基于"结构－过程－领导"分析框架的跨界治理研究——以京津冀地区雾霾防治为例》，《国家行政学院学报》2018 年第 2 期。

第七章

政务服务增值化与地方治理
现代化的创新路径

进一步全面深化改革、推进中国式现代化，是推动高质量发展、更好适应我国社会主要矛盾变化的迫切需要。① 深化政务服务增值化改革是进一步全面深化改革的重要组成部分。政务服务增值化改革通过聚焦企业需求和痛点，推动政务服务体制机制、组织架构、方式流程等方面的变革性重塑，为全面深化改革在政务服务领域的深化提供了具体路径和示范效应。深化政务服务增值化改革不仅是进一步全面深化改革的重要组成部分，也是推动地方治理现代化的关键举措。通过改革，政府能够不断优化治理结构、完善治理机制、提升治理能力，推动地方治理体系的现代化进程。通过强化系统集成的多维度服务供给、夯实政务服务增值化改革的基石、优化高效联动的多元化改革路径，深化政务服务增值化改革，为进一步提升地方政府的治理能力和服务水平、优化营商环境、推动经济发展及实现社会全面进步奠定坚实基础。

第一节　着力强化系统集成的多维度服务供给

政务服务涵盖了公共服务、市场服务和社会服务等多个方面，这些服

---

① 习近平：《关于〈中共中央关于进一步全面深化改革、推进中国式现代化的决定〉的说明》，《求是》2024 年第 16 期。

务共同构成了政府为公众提供全面、高效、透明服务的基础。深化政务服务增值化改革，需要着力完善系统集成的公共服务、市场服务、社会服务供给，以提升政务服务效能与全面性，强化政府侧、社会侧、市场侧三侧协同，实现政务服务的高效、便捷和智能化，助力公共服务便民化、经济决策科学化、社会治理精准化，推动经济社会高质量发展。

一、着力健全公共服务体系

政府在提供基本生活保障、教育、医疗等领域的服务中扮演着核心角色。这些服务直接关系到民生保障与改善、社会公平与正义，是政府公共服务职能的重要体现。[①] 深化政务服务增值化改革，健全完善公共服务体系，是推动高质量发展、满足人民多层次多样化需求、构建优质均衡的公共服务体系的重要手段，可以有效提升政务服务的质量和效率，增强人民群众的获得感、幸福感和安全感。健全公共服务体系也是落实以人民为中心的发展思想的重要举措。公共服务关乎民生，联结民心。通过健全公共服务体系，可以更好地保障人民群众的基本生活需求，提高公共服务的均等化水平。

当前，政务服务增值化改革过程当中，在公共服务方面确实面临一些困难，影响着政务服务增值化改革的进一步推进。这些困难主要体现在以下几个方面：一是增值服务广度与深度的拓展问题。面对市场主体多、企业类型多样、产业结构新、人才数量大、诉求边界广等特点，如何优化涉企服务的"一站集成"办理，创新增值服务板块，以满足不同企业和人才的多样化需求，是一个重大挑战。在增值服务过程中，需要打破部门间壁垒，实现跨部门、跨领域的资源整合和共享，但实际操作中往往存在协调困难、信息共享不畅等问题。二是服务资源与服务力量的整合问题。围绕企业全生命周期阶段和产业全链条，尤其是产业链特定节点的重大需求，

如何统筹做好政府侧、市场侧、社会侧的各类资源和力量的动员和对接，是一个复杂而艰巨的任务。政务服务办事人员的专业能力、服务态度等存在差异，导致服务质量参差不齐，影响了增值服务的整体效果。三是政策与服务的精准对接问题。有企业反映难以在海量政策中找到有效信息，特别是小微企业，缺乏相关人才和办理经验，难以有效比对、分析、兑现政策。政务服务部门通过各自渠道收集企业诉求后，仍存在"头痛医头、脚痛医脚"现象，未形成统一归集、统一交办机制，导致无法精准掌握企业诉求并提供针对性服务。

针对以上困难，需要从多个方面入手加以解决，进一步优化公共服务供给、提升公共服务质量、加强公共服务监管，深化政务服务增值化改革，从而进一步优化营商环境。具体来说，可以从以下几个方面入手。

（一）进一步优化公共服务供给结构

精准定位公共服务目标，明确政务服务的核心在于满足企业和群众的实际需求，特别是在优化营商环境、促进经济发展、提升社会治理水平等方面发挥关键作用。扩大公共服务有效供给，补齐供给短板，增强供给结构对需求变化的适应性和灵活性，优化公共服务供给体制机制。[①] 加快实现从便捷服务向增值服务升级，构建全链条、全天候、全过程的政务服务新生态。[②] 调整公共服务投资结构，补齐关键领域供给短板，超前配套服务新兴产业，引领经济社会转型发展。引入市场和社会组织等多元主体共同参与政务服务供给，形成政府、市场和社会组织协同提供的公共服务格局。

（二）进一步提升公共服务供给质量

充分利用互联网、大数据、云计算等现代信息技术手段，推动政务服

---

① 孙飞、付东普：《供给侧结构性改革下公共服务供给方式创新》，《甘肃社会科学》2017年第4期。

② 杨祖增：《加快建设具有浙江特色的现代化产业体系》，《浙江经济》2023年第9期。

务事项网上办理，实现"一网通办""最多跑一次"，甚至"一次都不跑"。打造线上线下融合的服务体系，在加强线上服务平台建设的同时，优化线下服务窗口设置，提升企业综合服务中心的服务功能和效率，实现线上线下服务的无缝对接和优势互补。以标准化梳理为基础，对高频办理事项实行动态管理，线上线下多渠道一次性告知，提高政务服务的透明度和可操作性，降低企业和群众的办事成本。

（三）进一步加强公共服务供给监管

建立健全监管机制，加强对政务服务提供者的监督和管理。建立健全服务质量监管机制，确保服务的合法性和规范性。开展服务绩效评估，定期对政务服务的质量和效率进行评估和考核，将评估结果作为改进服务的重要依据，推动服务质量的持续提升。引入第三方监督和服务对象在公共服务监管中的作用，以增进透明度和公众参与。[①] 鼓励公众参与监督，通过设立投诉举报渠道、开展满意度调查等方式，鼓励企业和群众对政务服务进行监督和评价，形成政府主导、社会参与的监督格局。

二、全面高效提供市场服务

随着市场经济的发展和政府职能从传统的监管型向现代服务型发展，政务服务的质量直接影响到市场主体的活力和经济发展的质量。[②] 深化政务服务增值化改革并高效提供市场服务，是提升营商环境、推动经济高质量发展、实现政务服务全面升级的重要举措，有助于构建更加开放、透明、便利的市场环境，为企业和群众提供更加优质、高效的服务体验。

当前，政务服务增值化改革过程当中，在市场服务方面存在一些问

---

① 孙晓莉：《政府与市场关系视角下的购买公共服务监管》，《行政管理改革》2015 年第8 期。

② 黄欢迎：《行政管理体制改革背景下服务型市场监管建设》，《青年与社会》2019 年第1 期。

题，影响着政务服务增值化改革的进一步推进。这些问题主要体现在以下几个方面：一是增值服务集成性不够足。尽管已经启用了企业综合服务中心，但部门间的壁垒仍未完全消除，导致涉企增值服务尚存在"各自为政"的现象，未能形成有效的联动协调机制。这限制了增值服务的整体效能，使得企业在享受服务时仍需跨部门奔波。二是增值服务精准性不够高。虽然已经建立了政策计算器等平台，但由于涉企政策覆盖面广、时间纵深长，企业普遍反映无法在海量政策中找到有效信息。特别是小微企业，缺乏相关人才和办理经验，难以有效比对、分析、兑现政策。三是增值服务个性化不够强。政务服务在市场服务方面缺乏差异化、个性化的服务方案，难以满足企业多样化的需求。例如，大型企业可能更需要专业的政策顾问、法律顾问来帮助解读政策，紧急项目或突发事件更需要政府部门提供加急审批服务，新兴产业或创新型企业更需要政府部门提供扶持政策。

上述问题表明，尽管政务服务增值化改革在提升营商环境和服务效能方面取得了一定进展，但在集成性、精准性、个性化等方面仍需进一步优化和完善。具体来说，可以从以下几个方面入手。

（一）全面提升增值服务集成性

深入打造线上线下融合的企业综合服务平台，全面集成各类涉企服务事项，推进跨部门协同与资源整合，全面实现"一网通办""一窗受理"，充分实现数据共享和业务协同。在实体层面，全面整合各部门资源，健全企业综合服务中心功能，作为涉企服务的中台枢纽，提供"一站式"服务，确保实体化高效运转。围绕企业全生命周期和高频事项，通过跨部门、跨层级事项集成办埋，全面减少小事环节、申请材料、办理时间和跑动次数。例如，企业开办、注销、不动产登记等事项均可全面实现"一件事"一次办。

（二）全面提升增值服务精准性

充分利用大数据与人工智能技术，对政策进行标签化、结构化处理，实现政策与企业需求的精准匹配。通过短信、平台站内信息等方式，及时主动推送惠企政策和申报提醒，确保企业能够及时获取并享受政策红利。加快完善政策计算器等功能模块，为企业提供政策查询、匹配、计算等"一站式"服务，帮助企业快速了解自身符合哪些政策条件及可享受的优惠额度。加快建立健全诉求响应机制，完善统一归集、统一交办的涉企问题收集办理机制，确保企业诉求得到及时响应和有效解决。

（三）全面提升增值服务个性化

针对不同类型、不同发展阶段的企业，及时提供定制化服务方案。例如，对初创期企业及时提供融资对接、创业指导等服务；对成长期企业及时提供市场拓展、人才引进等服务；对成熟期企业及时提供转型升级、品牌建设等服务。围绕地方特色产业和重点产业链，及时提供个性化的增值服务。如针对高新技术企业及时提供知识产权加速服务；针对外贸企业及时提供外经贸资源对接、跨境电商培育孵化等服务。另外，市场主体期待更具产业针对性的营商环境，所以不仅要考虑政务服务，还要考虑所在产业的垂直关联要素培育与加强。[①]

三、创新完善社会服务机制

随着社会的不断进步和人们生活水平的提高，企业对于社会服务的需求日益多样化和个性化。这种多元化需求不仅体现在基本生活保障方面，还涵盖了教育、医疗、养老、就业、创业等多个领域。社会服务供给侧结构性改革，旨在通过优化配置政府、社会、市场的资源，减少无效供给，增强供给结构对需求结构的适应性和灵活性。[②] 政务服务增值化改革通过

---

① 刘祺：《从便捷服务到增值服务：政务服务体系重塑与治理变革》，《中共天津市委党校学报》2024 年第 3 期。

② 周进萍：《社会服务供给侧结构性改革——四种优化供给模式探讨》，《云南行政学院学报》2017 年第 1 期。

持续拓展社会服务、优化社会服务供给机制，能够更好地满足这些多样化的需求，提升企业的获得感和员工的幸福感。

当前，政务服务增值化改革过程当中，在社会服务方面存在一些问题，影响着政务服务增值化改革的进一步推进。这些问题主要体现在以下几个方面：一是多元主体参与不足。虽然有政策鼓励引导科研机构、行业协会、中介机构等多元主体参与政务服务增值化改革，但在实际操作中，这些多元主体的参与度和协同效应可能还不够充分。二是企业与群众需求响应不及时。尽管政府也努力从企业与群众视角找准政务服务改革创新的发力点和着力点，但在实际操作中，如何更好地满足企业与群众诉求、及时回应企业与群众的社会需求仍是一个挑战。三是县域发展不平衡。不同县域的政务服务增值化改革推进水平存在差异，部分县域的增值化改革体制机制不够健全、制度体系不够完善等问题也制约了政务服务整体效能的提升。

上述多元主体参与不足、企业与群众需求响应不及时、县域发展不平衡等问题，需要通过深化政务服务增值化改革、持续创新社会服务机制来加以解决。具体来说，可以从以下几个方面着手。

（一）深入完善多元主体参与机制

政府应积极主动与企业、社会组织等建立合作机制，通过签订合作协议、成立联合工作小组等方式，明确提供社会服务的合作内容、责任分工和预期成果。在涉及社会化、市场化服务的领域，可以通过公开招标、竞争性磋商等方式，引入多家服务提供商参与竞争，提高服务质量和效率。建立健全多元主体参与政务服务增值化改革中社会服务供给的监督机制，包括政府内部监督、社会监督、舆论监督等，确保改革过程公开透明、公正公平。鼓励多元主体在社会服务供给中进行创新实践，探索新的服务模式、技术手段和管理方法，推动改革不断深化。

（二）深入完善诉求快速反馈机制

建立健全快速响应、限时整改、监督反馈的管理模式，实现受理、转办、办理、反馈、办结等全流程闭环管理。通过"企呼我应"工作机制，加大对企业诉求的关注度、解决力度和投入力度，确保企业与群众电话诉求的响应率、解决率和满意率。针对企业和群众普遍关注的问题，通过建立专门台账、专班负责、联席会议等方式，强化跨部门、跨层级集中会商、协同办理。大力推动清单管理、责任到人、限时办结，确保堵点问题真正解决到位。建立健全政策执行情况公众评价反馈机制，依托各级政府门户网站政民互动栏目、"12345"政务服务便民热线等，建立健全常态化政策效果收集、反映、办理、跟踪、反馈闭环机制。

（三）深入完善县域差异化发展机制

根据县域发展的实际情况，制定差异化的政务服务增值化改革政策。对于发展相对滞后的县域，应给予更多的引导和支持，帮助其加快改革步伐，提升政务服务水平。制定县域政务服务增值化改革的中长期规划，明确改革目标、任务和路径。通过科学规划，引导县域政务服务向标准化、规范化、便利化、数字化方向全面发展，逐步缩小县域间的差距。鼓励县域根据自身实际情况，积极探索政务服务增值化改革的新模式、新路径。对于创新成效显著的县域，及时给予表彰和奖励，充分激发其改革动力。

第二节　着力夯实政务服务增值化改革的基石

数字赋能提供了技术和平台支持，使政务服务更加高效和精准；而制度创新确保了这些技术和服务能够在法律和政策框架内得到有效实施和持续优化。这两者的结合不仅能够提升政府的服务能力，也能够促进政府治理体系和治理能力的现代化。[1] 数字赋能是政务服务增值化的关键路径，制度创新是政务服务增值化的核心支撑。数字赋能和制度创新共同构成了

---

[1]　刘桂平：《大力推进智慧政务战略有效服务国家治理现代化》，《中国行政管理》2020年第11期。

政务服务增值化改革深入推进的两大基石。

一、进一步加快推进数字赋能

党的二十届三中全会指出，进一步全面深化改革，要加快新一代信息技术全方位全链条普及应用。进一步加快推进数字赋能，就是加快以新一代信息技术为代表的数字技术在政务服务增值化改革中全方位全链条广泛应用，不断提升政务服务效率与质量、促进数据共享与开放、增强政务服务透明度与公信力、推动政务服务创新与发展，同时适应新时代新征程的发展需求，更好地满足企业与群众日益增长的多样化需求。

在政务服务增值化改革推进过程当中，数字赋能方面存在诸多问题，这些问题制约了政务服务效能的进一步提升。一是政务服务数字化转型程度不一。当前，我国政务服务数字化转型整体仍处于初级阶段，不同地区、不同部门之间的数字化转型程度差异较大。一些地区或部门已经建立了较为完善的数字化政务服务平台，实现了政务服务事项的在线办理、查询、咨询等功能，但仍有不少地区或部门存在数字化建设滞后、服务渠道不畅等问题，导致政务服务效能难以充分发挥。二是数据开放和共享不足。数据开放和共享是政务服务数字化转型的关键环节。然而，当前我国不同城市之间、城市内行业间、部门间、层级间的数据库互联互通滞后、开放共享不足的问题依然突出。这导致政务服务数据孤岛现象严重，数据资源难以得到有效整合和利用，限制了政务服务效能的提升。此外，数据开放和共享过程中还存在数据质量参差不齐、数据安全风险等问题，需要进一步加强管理和规范。三是数字技术驱动政务服务的体制机制改革相对滞后。体制机制改革是数字技术驱动政务服务创新的重要保障。然而，当前我国在数字技术驱动政务服务的体制机制改革方面相对滞后。一方面，城市政务服务大数据机构性质不一、职责分工差异较大、权责边界模糊等问题制约了政务数据的高效管理和利用。另一方面，跨部门协同、跨行业合作、多方参与的治理机制尚不健全，导致政务服务数据共享质量、政务数据开放激励等方面缺乏必要的制度保障。四是数字化人才队伍建设不足。数字化人才是政务服务数字化转型的重要支撑。然而，当前我国城市政务服务部门工作人员的数字化素养和技能普遍偏低，数字技术专业型人才和复合型技术人才缺口较大。这导致政务服务部门在数字技术应用、系统维护、数据分析等方面存在困难，难以充分发挥数字技术的优势。此外，现有政务服务人员的数字技术培训尚未实现常态化，电子化办公能力较弱，也制约了政务服务数字化转型的推进。

针对上述政务服务数字化转型程度不一、数据开放和共享不足、数字技术驱动政务服务的体制机制改革相对滞后、数字化人才队伍建设不足等问题，需要采取有效措施加以解决，以推动政务服务数字化转型的深入发展。数字化转型被视为提升地方治理核心竞争力的关键步骤，它通过技术逻辑和数据逻辑的应用，解决了传统治理中的集体行动困境，提高了公共服务的效率。[1] 进一步加快推进数字赋能、夯实政务服务增值化改革的基石，可以从以下几个方面着手。

（一）进一步强化数字基础设施建设

加速 5G、物联网等新型基础设施建设。推动 5G 网络在政务服务领域的广泛应用，提升数据传输速度和效率。同时，加强物联网技术在政务服务场景中的部署，实现设备互联、数据互通。提升云计算和大数据能力。构建高效、稳定的政务云平台，为各部门提供统一的计算、存储和数据分析服务。加强大数据技术在政务服务中的应用，实现数据的深度挖掘和价值创造。通过政务服务一体化平台丰富服务应用场景，提升政务服务满意度。[2]

---

[1]　Bo Li，Yali Liu，"A Study on The Impact of Digital Transformation of Government Governance on The Efficiency of Public Services，" *Frontiers in Business，Economics and Management*，2022.

[2]　高志华、谢标：《数字政府视域下优化政务服务路径研究》，《党政干部学刊》2021 年第 11 期。

（二）进一步深化数字技术应用与融合

推动人工智能技术在政务服务中的应用。利用人工智能技术进行智能审批、智能客服、智能推荐等，提高政务服务的自动化和智能化水平。通过人工智能技术优化政务服务流程，减少人工干预，提升服务效率和质量。促进区块链技术在数据共享中的应用。利用区块链技术的去中心化、不可篡改等特性，推动政务数据的安全共享和可信流通。通过区块链平台实现跨部门、跨地区的数据交换和验证，提升数据共享的效率和安全性。

（三）进一步加强数据治理与安全保障

完善数据治理体系，建立健全政务数据管理制度和标准规范体系，明确数据采集、存储、处理、共享和开放等环节的管理要求。加强数据质量管理和数据资产盘点工作，确保数据的准确性和完整性。强化数据安全保障，加强政务数据的安全防护体系建设，提升数据防泄露、防篡改和防攻击能力。建立完善的数据备份和恢复机制以及应急响应预案体系，确保政务数据的安全可控和可追溯性。数据安全治理模式的选择应当基于敏捷治理原则，优化治理结构、关系和工具，以提高治理效能和技术更新的承接能力。[1]

（四）进一步推动政务服务数智化创新

鼓励数字技术创新应用。支持政府部门与科技企业、高校和科研机构等合作开展数字技术创新应用研发工作。鼓励采用新技术、新模式和新业态提升政务服务水平和能力，推动政务服务向智能化、精准化和个性化方向发展。拓展增值服务场景。在基本政务服务的基础上拓展增值服务场景，如为企业提供政策咨询、融资对接、人才招聘等增值服务，为群众提

---

[1]　范玉吉、张潇：《数据安全治理的模式变迁、选择与进路》，《电子政务》2022 年第 4 期。

供教育、医疗、养老等民生领域的增值服务。通过增值服务提升政务服务的附加值和吸引力，增强企业和群众的获得感和满意度。

二、进一步持续深化制度创新

党的二十届三中全会指出，进一步全面深化改革，要在新的起点上推进理论创新、实践创新、制度创新、文化创新及其他各方面创新，并提出以制度建设为主线。可见，加强制度创新对进一步全面深化改革的重要性。同样，深化政务服务增值化改革也需要深化制度创新。持续深化制度创新，不仅能够加快推动政务服务理念的转变、优化政务服务体制机制、推动政务服务模式的创新，还能够强化政府侧、社会侧、市场侧三侧协同，促进营商环境的优化及提升政府服务力和公信力。

在政务服务增值化改革推进过程当中，制度创新方面存在诸多问题，这些问题在一定程度上制约了改革的深入推进和政务服务效能的全面提升。一是政策制定和执行的协调性不足。虽然浙江省已经制定了《涉企政策服务增值化改革工作方案》，并强调了政策兑现平台的建设，但省级部门在政策制定、解释和更新等环节仍需加强协调与合作。此外，政策执行过程中也存在数据源头负责制落实不到位的问题，导致数据"真实、准确、完整、及时"的保障难以实现。二是公众参与机制不完善。尽管有建立重大涉企政策制定公众参与机制的要求，但在实际操作中，公众特别是民营企业的参与度仍然较低，未能充分发挥其在政策制定中的作用。这可能导致政策制定缺乏足够的民意基础，影响政策的有效性和针对性。三是反馈机制不健全。虽然提出了建立健全政策执行情况公众评价反馈机制，但在具体实施过程中，如何有效收集、反映、办理、跟踪和反馈群众的意见建议仍是一个挑战。现有的政务服务标准不统一、线上线下服务不协同等问题依然存在，进一步加剧了反馈机制的不完善。四是数据共享和业务协同困难。政务服务增值化改革需要解决互联互通难、数据共享难、业务协同难的问题。这些问题直接影响了政务一体化平台和政务大数据中心的构建，制约了跨层级、跨部门、跨地区的一体化政务服务平台的作用发挥。

针对上述政策制定和执行的协调性不足、公众参与机制不完善、反馈机制不健全、数据共享和业务协同困难等问题，需要采取针对性措施加以解决，以推动政务服务增值化制度创新的深入发展。政务服务增值化改革的深层次逻辑是体制机制革新与制度重塑，技术与制度的有效融合构成数字治理生态，倘若制度不完善，技术应用则有可能成为灾难。[①] 未来进一步深化制度创新、夯实政务服务增值化改革的基石，可以从以下几个方面着手。

（一）进一步强化制度创新的顶层设计

顶层设计是制度集成创新的关键所在，要用系统化思维进行顶层设计，关注整体效益，建立全面的框架和机制。政务服务增值化改革的核心目标是提升企业和群众的获得感，促进营商环境优化。因此，在顶层设计时，应明确以服务对象需求为导向，聚焦解决企业群众办事的痛点、难点问题。制定长期、系统的制度创新规划，明确改革目标、路径和时间表。加强跨部门、跨层级的制度协调，确保各项制度创新措施相互衔接、形成合力。

（二）进一步优化政务服务体制机制

对现有的政务服务体制和机制进行全面的优化与完善，这包括优化组织架构、改进业务流程及引入新的手段工具，以实现政务服务的高效运作。优化政务服务流程，简化办事程序，减少不必要的环节和证明材料，提高政务服务便捷性。深化"互联网＋政务服务"，实现线上线下融合，提供全天候、无缝隙的服务。强化政务服务标准化建设。制定和完善政务服务标准，确保服务内容、流程、质量等方面的一致性和规范性。推行政

---

① 刘祺：《从便捷服务到增值服务：政务服务体系重塑与治理变革》，《中共天津市委党校学报》2024 年第 3 期。

务服务标准化试点，形成可复制、可推广的经验模式。

（三）进一步健全制度创新的评估反馈机制

确立多维度评估标准。评估标准应涵盖政务服务效率、服务质量、企业群众满意度、改革措施落地情况等多个维度，确保评估的全面性和客观性。建立多元化评估主体。委托专业机构或第三方组织对政务服务增值化改革进行评估，利用其独立性和专业性，提供客观公正的评估结果。建立动态监测机制。利用现代信息技术手段，对政务服务过程进行实时监测，及时发现和解决问题。强化评估结果的应用与反馈。将评估结果及时向社会公开，接受公众监督，增强政务服务的透明度和公信力。

（四）进一步完善政务服务法律法规体系

政务服务增值化改革需要强有力的法治保障。国家层面应加强对政务服务领域立法的研究，制定和完善相关法规、规章和规范性文件。各地区各有关部门应根据政务服务改革的需求，推进现有法规、规章和规范性文件的立改废释工作。推动跨部门协作。政务服务增值化改革需要多部门协同作战。因此，在相关法律法规中应明确各部门的职责分工和协作机制，促进跨部门信息共享和业务协同。

第三节　着力优化高效联动的多元化改革路径

习近平总书记指出，进一步全面深化改革，要更加注重系统集成，更加注重突出重点，更加注重改革实效，精准发力、协同发力、持续发力，坚决破除各种体制机制障碍，进一步解放和发展社会生产力、激发和增强社会活力。[①] 深化政务服务增值化改革，要坚持党建统领、系统集成、需

---

① 习近平：《在党的二十届三中全会第二次全体会议上的讲话》，《求是》2024 年第 18 期。

求导向、协同发力，着力优化高效联动的多元化改革路径。通过这一路径的实施，可以满足企业多样化需求、促进区域协调发展、提升政务服务效能、激发市场活力和社会创造力及推动政府治理体系和治理能力现代化。

一、坚持党建统领，着力强化顶层设计

党的二十届三中全会指出，要坚持党的全面领导，坚定维护党中央权威和集中统一领导，发挥党总揽全局、协调各方的领导核心作用。党建统领是政务服务增值化改革的重要保障。通过坚持党对改革的集中统一领导，可以确保改革方向正确，避免偏离目标。顶层设计是推动政务服务增值化改革的关键。通过加强顶层设计，完善标准规范，可以促进"互联网＋政务服务"的持续健康发展。党建统领与顶层设计相互关联、相互促进，共同推动政务服务向更加高效、便捷、优质的方向发展。

当前，政务服务增值化改革过程当中，在顶层设计方面存在一些不足，影响了政务服务的整体效能和用户体验。这些问题主要体现在以下几个方面：一是长远规划不足。顶层设计中未能充分考虑政务服务增值化改革的长期发展趋势和需求，缺乏对未来发展的预见性和前瞻性规划。二是跨部门协作不足。政务服务涉及多个部门，但跨部门协作机制不够健全。在政务服务增值化改革中，跨部门、跨领域的建设项目统分协作机制不完善，业务协同创新合力未完全激发。三是顶层设计与实际需求脱节。虽然有强调从实际需求出发进行顶层设计的观点，但在实践中往往未能做到这一点。在某些改革项目中，顶层设计更多地关注形式层面的物理整合，而非深度的化学融合。

长远规划不足、跨部门协作不足、顶层设计与实际需求脱节等问题，需要通过坚持党建统领、着力强化顶层设计、深化政务服务增值化改革来加以解决。具体来说，可以从以下几个方面着手。

（一）构建党建引领机制

各级党组织要切实担负起推进政务服务增值化改革的政治责任，将改

革工作纳入重要议事日程，定期研究部署，确保改革顺利推进。建立健全由党委统一领导、党政齐抓共管的改革工作领导体制，形成上下联动、部门协同的工作格局。坚持党建引领业务发展，将党建工作与政务服务增值化改革紧密结合，以高质量党建推动政务服务提质增效。建立健全党建与业务融合发展的工作机制，确保党建工作与业务工作同部署、同落实、同考核。

（二）着力强化顶层设计

立足地区实际和企业群众需求，制定科学合理、切实可行的改革方案，明确改革目标、任务、措施和时间表。注重改革的系统性、整体性和协同性，确保各项改革措施相互衔接、相互促进。[①] 出台专项政策支持政务服务增值化改革，为改革提供有力的政策保障。建立健全激励机制，对在改革中表现突出的单位和个人给予表彰和奖励，激发广大干部职工的积极性和创造力。建立健全改革监督评估机制，定期对改革进展情况进行评估和反馈，及时发现问题并采取措施加以解决。

（三）构建党建统领与顶层设计关联促进机制

在制定顶层设计的过程中，充分发挥党建的引领作用，确保改革方向符合党的路线方针政策和国家发展战略。通过党建活动凝聚共识、汇聚力量，为顶层设计的科学性和可操作性提供有力支撑。顶层设计的完善为党建统领提供了具体的实施路径和操作规范，确保党建统领在改革过程中能够落到实处、见到实效。通过不断优化顶层设计，及时调整改革措施和方向，确保党建统领始终贯穿改革的全过程和各方面。建立党建统领与顶层设计之间的联动机制，定期召开联席会议或专题研讨会，研究解决改革过程中遇到的问题和困难。

---

① 杨文圣、代汝欣：《以进一步全面深化改革为中国式现代化提供强大动力和制度保障》，《求知》2024 年第 8 期。

二、坚持系统集成，着力强化资源集聚

党的二十大报告指出，必须坚持系统观念，只有用普遍联系的、全面系统的、发展变化的观点观察事物，才能把握事物发展规律。深化政务服务增值化改革需要坚持系统观念，通过系统集成、资源集聚，不同领域的改革举措能够相互衔接、相互促进，将分散在不同部门、不同领域的资源进行有效整合，形成合力。这有助于提升政务服务的整体效能，满足企业和群众日益增长的多元化需求。

当前，政务服务增值化改革过程当中，在资源集聚方面存在一些问题，影响了政务服务的效率和质量。这些问题主要体现在以下几个方面：一是业务需求和特性影响。政务数据资源的整合共享离不开业务需求，但业务需求和业务特性本身对政务数据资源整合共享具有较大的影响。如果脱离了业务本质进行政务数据资源的整合推进工作，将会相当艰难。二是涉企政务服务"集成性"不足。不同部门之间的壁垒尚未完全消除，涉企增值服务之间缺乏有效的联动协调机制。这导致服务过程中存在"你办你的、我办我的"现象，难以实现资源的有效整合和高效利用。三是工作人员综合服务能力参差不齐。企业综合服务中心的服务专员在能力上存在较大差异，部分专员对跨部门业务不够熟悉，也不具备统筹调配板块资源的权限和能力。这影响了服务的质量和效率，难以满足企业的实际需求。

上述问题表明，尽管政务服务增值化改革在资源集聚方面取得了一定进展，但在政务数据资源的整合共享、涉企政务服务"集成性"、工作人员综合服务能力等方面仍需进一步优化和完善。具体来说，应坚持系统集成，可以从以下几个方面入手。

（一）全面整合政府内部资源

推动政府部门间的信息共享和业务协同，打破部门壁垒，实现政务资源的有效整合。通过建立跨部门协作机制，确保政务服务流程的无缝衔

接，提高服务效率。对政府各部门的政务服务职能进行全面梳理和优化，明确各部门的服务边界和职责范围，避免服务资源的重复投入和浪费。同时，将相关服务职能向综合服务中心或专区集中，实现"一站式"服务。围绕企业全生命周期和产业全链条，提供政策、人才、金融、科创、法律等集成服务，为企业增倍赋能。

（二）全面集成各类社会资源

积极引导高校、科研机构、行业协会等社会组织参与政务服务，利用其专业优势为政务服务提供智力支持和人才保障。通过与社会组织的合作，可以引入更多的创新元素和服务模式，提升政务服务的专业性和针对性。鼓励中介机构、产业平台运营商等服务机构参与政务服务，通过市场化手段提供高质量、高效率的服务。政府可以通过购买服务、合作共建等方式，与这些服务机构建立稳定的合作关系，共同推动政务服务增值化改革。

（三）全面加强人才队伍建设

加大对政务服务人员的专业培训和技能提升力度，提高其业务水平和综合素质。通过举办培训班、开展交流研讨等方式，不断提升政务服务人员的专业素养和服务能力。建立健全激励机制，激发政务服务人员的积极性和创造力。通过设立奖励基金、表彰先进典型等方式，对在政务服务工作中表现突出的个人和集体给予表彰和奖励，营造良好的工作氛围和工作环境。

三、坚持需求导向，着力强化精准服务

需求导向的服务模式有助于优化政务服务资源的配置。政府可以根据企业和群众的需求热点和难点，合理调配服务资源，确保重点领域的服务需求得到满足，提高资源利用效率。优质的政务服务能够增强企业对地方营商环境的信心，吸引更多企业投资兴业。特别是在当前经济形势下，精

准服务对稳定市场预期、激发市场活力具有重要作用。

不过，当前政务服务增值化改革过程当中，在精准服务方面还存在一些问题，影响了企业和群众的服务体验，服务满意度有待进一步提高。这些问题主要体现在以下几个方面：一是政策信息精准掌握难。涉企政策由多部门在不同时间制定，导致企业难以在海量政策中找到有效信息，尤其是小微企业，缺乏相关人才和办理经验，难以有效比对、分析、兑现政策。二是企业诉求精准掌握难。政务服务部门通过各自渠道收集企业诉求，未形成统一归集、统一交办机制，导致无法统筹制定企业全生命周期和产业全链条一体化助企服务方案。三是个性化服务不足。政务服务在提供个性化服务方面存在不足，不能满足企业"要什么，给什么"的需求。例如，大型企业需要专业的政策顾问、法律顾问，紧急项目需要加急审批服务，新兴产业和创新型企业需要扶持政策等，这些需求在现有服务体系中往往难以得到及时满足。

上述问题表明，尽管政务服务增值化改革在精准服务方面取得了一定进展，但在政策信息精准掌握、企业诉求精准掌握、个性化服务等方面仍需进一步优化和完善。从优化政务服务生产供给的实践进路来看，政务服务改革的关键在于以公民为中心的价值取向引领，持续创设以公民需求为导向的政务服务场景。[1] 具体来说，应坚持需求导向，可以从以下几个方面入手解决。

（一）精准识别服务对象需求

政务服务增值化改革要找到亟须改革的问题所在，即精准把握实际需求，不仅包括问题的表现形式，而且包括解决问题的路径和方法。[2] 通过

---

① 赵映、张鹏：《政务服务改革的价值取向：演进、型塑及实现路径》，《上海行政学院学报》2023 年第 4 期。

② 刘祺：《从便捷服务到增值服务：政务服务体系重塑与治理变革》，《中共天津市委党校学报》2024 年第 3 期。

问卷调查、座谈会、走访企业等多种形式，广泛收集企业和群众对政务服务的实际需求，确保服务内容与需求高度契合。利用政务微信等新媒体工具，了解民情民意，为企业和群众提供满足其需求的公共服务。[①] 运用大数据、云计算等现代信息技术手段，对收集的需求信息进行深度挖掘和分析，构建出详细的全息画像，为制定精准服务策略提供数据支持。将全息画像融入到政务服务中，通过对政务服务资源和企业全息画像进行关联分析，精准识别服务对象的共性和个性需求，帮助政府提供更加个性化和精准的服务。[②]

（二）优化定制个性化服务方案

增强问题意识，坚持问题导向，把发现问题、剖析问题、解决问题作为精准服务的出发点和落脚点。根据企业的行业属性、经营规模、发展阶段等特点，提供分类施策的服务方案，确保服务的针对性和有效性。利用大数据和人工智能技术，对政策信息进行精准推送，确保企业能够及时获取到与其密切相关的政策信息。为重点企业提供一对一的辅导服务，帮助企业解决在发展过程中遇到的具体问题。构建一个全面覆盖企业生命周期的政务服务体系，提供从注册到运营再到退出的全链条服务，确保服务的连续性和高效性。

（三）完善高效闭环解决机制

建立健全统一的问题归集平台，将企业和群众反映的问题进行统一登记和管理，确保问题得到及时响应和处理。对问题实行限时办结制度，明确办理时限和责任部门，确保问题能够在规定时间内得到解决。利用大数据分析技术，对政务服务数据进行深度挖掘和分析，预测企业和群众未来

---

① 王玥：《政务微信的功能定位和传播策略》，硕士学位论文，吉林大学，2016。
② 蔡婧婷：《基于用户画像的政务信息资源个性化推荐服务研究》，硕士学位论文，湘潭大学，2021。

的服务需求趋势，为制定更加精准的服务策略提供数据支持。建立健全反馈评价机制，及时收集企业和群众对服务结果的反馈意见，对服务进行持续改进和优化。

四、坚持协同发力，着力强化多元参与

深化政务服务增值化改革需要坚持协同发力，着力强化多元参与，有效整合政府、社会和市场三方面的资源与力量。这不仅是提升政务服务效能、精准对接企业和群众需求的必然要求，也是增强政务服务透明度和公信力、推动社会治理创新的重要途径。

当前，政务服务增值化改革过程当中，在多元参与方面存在一些问题，影响了政府服务能力的提升，以及企业、群众满意度和获得感的提升。这些问题主要体现在以下几个方面：一是参与主体协同不足。虽然政府侧、社会侧、市场侧三侧协同的模式被广泛提倡，但在实际操作中，这种协同往往难以有效实现。例如，部门之间的数据壁垒依然存在，业务流程的无缝衔接尚未完全实现。二是参与机制不健全。沟通机制不健全，导致政府、企业、社会组织等多元主体之间难以及时、准确地传递信息和反馈意见。激励机制不完善，对于积极参与政务服务增值化改革的社会组织、中介机构等，缺乏足够的激励措施，难以调动其积极性和创造力。三是参与能力参差不齐。部分参与主体在政务服务领域的专业能力有限，难以提供高质量的服务。这影响了政务服务增值化改革的整体水平和效果。

政务服务增值化改革过程中存在的参与主体协同不足、参与机制不健全、参与能力参差不齐等问题，需要通过坚持协同发力，强化多元参与，进一步深化改革来加以解决。打造政府、市场、社会协同创新生态链，建立持续创新的有效机制，形成政企社共建共享共赢的改革格局。① 具体来说，可以从以下几个方面着手。

---

① 刘祺：《从便捷服务到增值服务：政务服务体系重塑与治理变革》，《中共天津市委党校学报》2024 年第 3 期。

（一）深入完善多元参与机制

政府应从单一的服务提供者转变为服务的协调者和监管者，确保公共服务的质量和效率。[①] 完善政府、企业、社会组织等多方参与的合作平台，通过定期召开联席会议、设立专项工作组等方式，加强沟通与协作。同时，完善信息共享机制，确保各方能够及时获取所需信息，共同推进改革进程。制定相关政策措施，激励和引导多元主体积极参与政务服务增值化改革。例如，对积极参与改革的企业给予税收优惠、资金补贴等激励，对表现突出的社会组织给予表彰和奖励。

（二）持续强化多元主体协同合作

强化政府部门之间的协同合作，打破条块分割、信息壁垒等障碍，形成工作合力。通过整合服务资源、优化服务流程等措施，提高政务服务效率和质量。建立健全政企互动机制，鼓励企业积极参与政策制定、服务设计等环节。通过定期召开座谈会、开展问卷调查等方式，了解企业需求和意见，为企业提供更加精准、高效的服务。引导社会组织、公众等多元主体共同参与政务服务增值化改革。通过发挥社会组织的桥梁纽带作用、公众的监督评价作用等，形成全社会共同关注、支持、参与改革的良好氛围。

（三）着力加强宣传教育引导

通过多种渠道和方式加强对政务服务增值化改革的宣传引导工作。利用新闻媒体、网络平台等渠道发布改革信息、解读政策措施；组织召开新闻发布会、政策宣讲会等活动介绍改革进展和成效；邀请专家学者、企业代表等发表观点、分享经验，增强社会各界对改革的认知度和支持度。加

[①] 周伟：《我国基本公共服务均等化过程中多元参与机制构建研究》，《重庆工商大学学报（社会科学版）》2011 年第 2 期。

强对参与政务服务增值化改革工作人员的培训教育工作。通过举办培训班、开展专题讲座等方式提高工作人员的业务能力和服务水平。同时，加强与其他地区、部门的交流，学习借鉴先进经验和做法。

党的二十届三中全会指出，"中国式现代化是在改革开放中不断推进的，也必将在改革开放中开辟广阔前景"，要求紧紧围绕推进中国式现代化进一步全面深化改革。深化政务服务增值化改革是进一步全面深化改革的应有之义。政务服务增值化改革通过提升政务服务效率和质量，激发市场活力和社会创造力，为全面深化改革提供坚实的微观基础和动力源泉。展望未来，进一步深化政务服务增值化改革，应着力强化系统集成的多维度服务供给，着力健全公共服务体系，全面高效提供市场服务，创新完善社会服务机制；进一步深化政务服务增值化改革，应着力夯实政务服务增值化改革的基石，进一步加快推进数字赋能，持续深化制度创新；进一步深化政务服务增值化改革，应着力优化高效联动的多元化改革路径，坚持党建统领，着力强化顶层设计。坚持系统集成，着力强化资源集聚。坚持需求导向，着力强化精准服务。坚持协同发力，着力强化多元参与。通过深化政务服务增值化改革，进一步提升行政效能、激发市场活力、优化营商环境、增强企业获得感，推动地方治理体系和治理能力现代化。

后　记

政务服务增值化，作为优化营商环境、激发市场活力、提升政府效能的重要抓手，不仅关乎政府服务模式的深刻变革，更是衡量区域现代化治理水平的重要标尺。衢州作为浙江省政务服务增值化改革试点之一，始终坚持以人民为中心的发展思想，实现从"便捷服务"到"增值服务"的变革，从线下服务模式的不断创新到线上线下的深度融合，改革成果不仅极大地提升了企业获得感与满意度，更为全国其他地区提供了可借鉴、可复制的经验与模式。为更好地展示、总结衢州改革经验，进一步深化政务服务增值化改革，中共衢州市委党校组织全市党校系统公共管理学科组力量编撰了本书。全书共七章内容，从政务服务增值化改革的背景出发，通过深入的分析、翔实的数据和生动的案例，全面展现衢州市在政务服务增值化改革方面的探索与实践，总结其成功经验，提炼可复制、可推广的模式与路径。这既是对过去改革成果的回顾与总结，更是对新时代地方治理现代化的展望与引领。

本书编撰的具体分工如下：

第一章：朱久良；第二章：吕楠；第三章：毛彧晴；第四章：叶心柔、吴邱杰、叶菡、李晶、林艳琴；第五章：陈柳月；第六章：陈诗慧；第七章：金晓伟。向玉玲承担本书的统稿工作。

在本书编撰过程中，从书稿的选题、框架、撰写到修改，浙江省委党校报刊部副主任、教授胡重明精心指导、反复打磨，得以今天的呈现。衢州市营商办给予了大力支持，不仅提供了大量鲜活的案例，还就政务服务增值化改革的理念、路径、成效等方面与课题组成员进行了深入交流与探讨。此外，衢州市其他单位积极配合，在此一并表示衷心感谢。由于时间仓促，加之编者水平有限，书中难免存在不足之处，敬请读者不吝指正。

本书编委会

2024 年 12 月